公開霊言

韓国 朴《パク》正熙《チョンヒ》元大統領の霊言

父から娘へ、真実のメッセージ

Ryuho Okawa
大川隆法

まえがき

韓国が漂流《ひょうりゅう》しているように見える。朴槿恵《パククネ》大統領の定見のない国家戦略がその元凶のように思われる。ペ・ヨンジュンとチェ・ジウの「冬のソナタ」から韓流《ハンリュウ》ブームが起き、私自身も韓国語版で三回もその連続ドラマを繰り返し見て、韓国語を覚えようとしたこともある。ブームに乗って当会の本拠の近くにもペ・ヨンジュンの韓国料理店が開かれ、当初は、八月に申し込んでも十二月まで予約は一杯だったのに、今はつぶれてマンションに建て替わっている。まことに諸行無常《しょぎょうむじょう》である。

ある間の抜けた日本の週刊誌は、娘の反日感情は、父・朴正熙《パクチョンヒ》大統領の反日教育が原因だと述べていたが、ここに父の本音を明らかにするので、現大統領は、しっかりとこのメッセージを受けとめてほしい。

韓国という国が地上から消えてなくなる前に、この父から娘への真実のメッセージが届くことを望みたい。

二〇一三年　十一月五日

幸福《こうふく》の科学《かがく》グループ創始者兼総裁《そうししゃけんそうさい》　大川隆法《おおかわりゅうほう》

韓国　朴正熙元大統領の霊言　目次

まえがき　1

韓国《かんこく》 朴正熙《パクチョンヒ》元大統領の霊言《れいげん》

――父から娘《むすめ》へ、真実のメッセージ――

二〇一三年十月二十六日　収録
東京都・幸福の科学総合本部にて

1　韓国・朴槿惠《パククネ》大統領の父に意見を訊《き》く　15
怪《あや》しげな行動を取り続けている韓国　15
「漢江《ハンガン》の奇跡《きせき》」をもたらした朴正熙元大統領　17

朴正熙元大統領の霊を招霊《しょうれい》する 20

2 父は「反共」、娘は「親中」 25

東京には「国際〝霊界《れいかい》〟裁判所」がある？ 25
娘への愛は変わらないが、大統領としての意見は違《ちが》う 28
今、韓国を率いていくのは、極《きわ》めて厳しい状況《じょうきょう》 32
反共主義を掲《かか》げ、「南北統一」を目指した朴正熙元大統領 34
韓国を成長させるための政策は、日本を参考にした 36
一本、筋が通っていない、現大統領の安全保障政策 39
「中国の属国になる方向」に動いている朴槿恵大統領 42

3 韓国は今、「国家存亡《そんぼう》の危機」 47

「軍国主義的な中国」と「反戦的なアメリカ」との板挟《いたばさ》み 47
韓国の軍部が独自に政治性を持つことはない 49

国家存亡の危機に直面し、ディフェンス型になっている韓国　51
「日・韓・米の関係が崩《くず》れるぐらいなら竹島《たけしま》を消しても構わない」　54

4　**韓国はなぜ「反日」なのか**　61
習近平《シージンピン》は「最後の皇帝《こうてい》」になる気がする　61
「強者の戦略」で中国のあとに朝鮮《ちょうせん》を取った日本　63
日韓併合《へいごう》時代、日本人は韓国人も対等に扱《あつか》おうと努力していた　67
暗殺を恐《おそ》れて多方面に「いい顔」をする朴槿恵大統領　72
韓国国民に「ある種の悔《くや》しさ」が残っている日韓併合と独立　76
「繁栄《はんえい》に導く偉大《いだい》なリーダー」を輩出《はいしゅつ》できずにいる韓国　79

5　**「特定秘密保護法案」の隠《かく》れた狙《ねら》いとは**　81
韓国が持つ「日本に対する複雑な感情」とは　81
秘密保護法案の狙いを「核《かく》兵器の開発」と予想　84

中国との戦争をドローにできる日本の核兵器保有　88
日本のもう一歩の〝変身〟が北朝鮮問題を終わらせる　92
「日・米・韓の同盟国体制」がさらに広がることが望ましい　93

6　中国の将来をどう見るか　96

反日の朴槿惠大統領は「日本の底力」を知らない　97
中国から見て、「日本に対する強力な防波堤《ぼうはてい》」になる韓半島　100
「毛沢東《もうたくとう》思想による退行現象」で中国が脅威《きょうい》でなくなる　102
韓国を孤立《こりつ》に向かわせている「中国ナンバーワン幻想《げんそう》」　105
中国の「言論統制」はヒトラー化の流れであり、崩壊《ほうかい》は間近　107

7　「従軍慰安婦《じゅうぐんいあんふ》問題は、日本への嫌《いや》がらせ」　110

「日本に併合されたほうがよくなる」という結論　110
韓国人の暴走を止めるために必要だった「慰安婦」　111

他国に比べて「独立自尊の精神」が優《すぐ》れていた日本人　115
朴元大統領は「慰安婦問題」をどう見るか　117
「李氏《りし》朝鮮時代の韓国」を、どう見ているか　118

8　**「韓国はいまだ日本領なのか」**　121

「戦略」より「戦術」を優先している韓国　121
「個人への補償《ほしょう》」を日本に要求するなら、韓国は独立国ではない　123
朝鮮半島のインフラ整備は、ほとんど日本が行った　125
韓国による竹島占領《せんりょう》を「間違っている」と断言　128
今の韓国はどこに「国の本体」が取られるか分からない状態　131
竹島を「日韓を反目《はんもく》させる材料」にしてはならない　133

9　**朴元大統領の「意外な過去世《かこぜ》」**　136

過去世について語りたがらない朴元大統領　136

紀元四〇〇〇年ごろ、朝鮮半島の日本領で統治者をしていた　140
日本の武将として、秀吉《ひでよし》の「朝鮮出兵」に参加した　142
あの世で金日成《キムイルソン》と「トップ会談」をしている　145
北朝鮮の暴走を抑《おさ》えるべく「霊界で画策中」　149

10　娘の朴槿恵大統領へのメッセージ　154

「未来志向型」の日韓関係を開く努力を　154
日本文化による〝占領〟を恐れている韓国・中国　156
二〇二〇年までに中国の崩壊が来るのは確実　158
韓国は「アジアの雄《ゆう》」である日本寄りに舵《かじ》を取れ　161
父から娘・朴槿恵氏への忠告　163
霊界では岸信介《きしのぶすけ》・佐藤栄作《さとうえいさく》・竹下登《たけしたのぼる》と交流がある　164

11　朴正熙元大統領の霊言を終えて　166

千六百年前、朝鮮半島の三分の一は日本の領土だった　166
世界の「植民地競争」にピリオドを打った日本の戦い　168

あとがき　172

「霊言現象《れいげん》」とは、あの世の霊存在の言葉を語り下ろす現象のことをいう。これは高度な悟《さと》りを開いた者に特有のものであり、「霊媒現象《れいばい》」（トランス状態になって意識を失い、霊が一方的にしゃべる現象）とは異なる。外国人霊の霊言の場合には、霊言現象を行う者の言語中枢《ちゅうすう》から、必要な言葉を選び出し、日本語で語ることも可能である。

なお、「霊言」は、あくまでも霊人の意見であり、幸福の科学グループとしての見解と矛盾《むじゅん》する内容を含《ふく》む場合がある点、付記しておきたい。

韓《かん》国《こく》 朴《パク》正《チョン》熙《ヒ》元大統領の霊《れい》言《げん》

——父から娘《むすめ》へ、真実のメッセージ——

二〇一三年十月二十六日　収録

東京都・幸福の科学総合本部にて

朴正煕《パクチョンヒ》（一九一七〜一九七九）

韓国《かんこく》の軍人、政治家。一九四四年に日本陸軍士官学校を卒業後、満州《まんしゅう》国軍歩兵第八師団に配属され、四五年に満州国軍中尉《ちゅうい》で終戦を迎《むか》える。六一年に韓国で軍事クーデターを起こし、国家再建最高会議議長に就任。その後、第五〜九代大統領を務め、軍事独裁・権威《けんい》主義体制を築く。また、日韓基本条約の締結《ていけつ》を行い、「漢江《ハンガン》の奇跡《きせき》」と呼ばれる高度経済成長へと結びつけた。

質問者　※質問順

酒井太守《さかいたいしゅ》（幸福の科学宗務《しゅうむ》本部担当理事長特別補佐《ほさ》）

小林早賢《こばやしそうけん》（幸福の科学広報・危機管理担当副理事長 兼《けん》 幸福の科学大学名誉《めいよ》顧問《こもん》）

及川幸久《おいかわゆきひさ》（幸福実現党外務局長）

［役職は収録時点のもの］

1　韓国《かんこく》・朴槿恵《パククネ》大統領の父に意見を訊《き》く

怪《あや》しげな行動を取り続けている韓国

大川隆法　本日も少し難しいテーマかと思いますし、内容によっては、さまざまな影響《えいきょう》が出てくる可能性があるでしょう。

今、韓国では、朴正熙《パクチョンヒ》元大統領の娘《むすめ》の朴槿恵《パククネ》氏が大統領を務めているわけですが、ご両親とも暗殺され、何十年かしてご本人が立ったところ、反日的な動きをしつつあるように感じます。

ちなみに昨日の十月二十五日には、韓国軍が、「竹島《たけしま》に日本の右翼《うよく》が上陸した」と想定して軍事訓練を行いました。これは幸福実現党青年局長のトクマのことでしょうか（会場笑）。〝尖閣《せんかく》ロッカー〟の次は〝竹島ロッカー〟が出てくると思ったのかもしれません（注。トクマは、二〇一二年に尖閣諸島へ上陸した）。

トクマと、幸福実現党の前党首あたりが上陸してくることを想定してのものだと思いますが、軍事演習を行って公開をしたようです（会場笑）（注。矢内筆勝《やないひっしょう》前党首は、二〇一二年に、尖閣諸島を望む海上から、中国に向けて、「尖閣侵略《しんりゃく》を許さない」という宣言文を読み上げた）。

おそらく、この背景には、安倍《あべ》政権がジワジワと水面下で、国家秘密の保護法案（特定秘密保護法案）を審議《しんぎ》に進めようとしたり、「日本版国家安全保障局」をつくろうとしたり、集団的自衛権の行使容認に向けて動いたりと、いろいろしていることがあるのでしょう。「怪《あや》しげな軍国主義が台頭しつつある」と見ての牽制《けんせい》があるのかもしれません。

本来、軍事的には、日・米・韓の「同盟関係の三角形」でなければいけないところを、なにやら怪しい〝風見鶏《かざみどり》〟的な動きをしているように思われます。

「漢江《ハンガン》の奇跡《きせき》」をもたらした朴正煕元大統領

大川隆法　さて、朴槿惠大統領の父親にあたる朴正煕は、日韓が併合《へいごう》された時代の人でもあり、満州《まんしゅう》国軍軍官学校に十五番で入り、日本陸軍士官学校に編入後、三番で卒業された優秀《ゆうしゅう》な方です。

彼は、戦争が終わったあと、国防警備士官学校（現・韓国陸軍士官学校）を出られました。それから一九六一年に軍事クーデターを起こし、その後、大将になります。さらに、その翌年、大統領になり、五期続けて大統領を務めました。

その間、一九六五年に、「日韓基本条約」が結ばれています。それは、「この条約によって、日韓の戦後の債権《さいけん》・債務関係、賠償《ばいしょう》関係は終わった」とよく言われているものですが、この人が大統領のときに結ばれたはずです。

また、ベトナム戦争では、アメリカに協力して派兵し、三十万人以上の韓国軍を送り込《こ》んでいます。

それから一九七四年に、「文世光《ぶんせいこう》事件」が起き、大統領を狙《ねら》った暗殺だったにもかかわらず、奥《おく》さんのほうに弾《たま》が当たり、射殺されるということがありました。これは、今の大統領（朴槿惠氏）が学生のころのことだと思います。

その五年後の一九七九年には、大統領自身が、ＫＣＩＡ（大韓民国中央情報部）の部長の凶弾《きょうだん》によって倒《たお》れるという暗殺事件が起きましたが、それは、ちょうど私が大学の法学部にいたころでした。

なお、その間の一九七三年には、反対側の立場にあった金大中《きんだいちゅう》氏が、日本のホテルから白昼堂々と拉致《らち》される事件もありましたから、何が何だか分からない感じだったようにも思います。

もしかしたら、長くやりすぎたのかもしれません。十六年近く大統領を務めたわけですが、前半は無血革命的な軍事クーデターに始まる、上からの革命だったものの、後半は、やや独裁的な面が出たのではないでしょうか。

また、朴元大統領は、一般《いっぱん》に「親日派」と考えられてはいますが、本人自身は演説のなかで、「私は間違《まちが》いなく反日だ。『親日か反日か』と言われたら反日なんだ」というようなことを言ったりしていますので、このへんはよく分からないところではあります。

ただ、少なくとも、軍事的に出世していたことが、大統領になるスプリングボードになっているのは間違いないでしょう。陸軍士官学校時代の仲間たちと共にクーデターを起こしていますので、それは間違いないと思いますけれども、「親日ではないか」ということで狙われた部分もあるのかもしれません。

なお、開発独裁とも言われていますが、「漢江《ハンガン》の奇跡《きせき》」と言われる急成長も経験したわけです。

しかし、そのあとは、いろいろとダッチロールが続いているように思いますし、今も、娘である朴槿恵氏が大統領で、けっこうグニャグニャしていますので、どのように考えているかは分かりません。

朴正熙元大統領の霊《れい》を招霊《しょうれい》する

大川隆法　ただ、この方が、今どんな状態にあるかについては、一定の疑問がないわけではないのです。よく調べてはいないのですが、今朝、少し接触《せっしょく》を試みたところ、やや怪しげな、長い地下坑道《こうどう》のようなところを動いていくシーンが視《み》えました。周りに、光っている苔《こけ》があるところを通っていくような感じです。

こうした場面は、北朝鮮《きたちょうせん》の人を調べたときに視えたことがありますので（『北朝鮮の未来透視《とうし》に挑戦《ちょうせん》する』〔幸福の科学出版刊〕参照）、もしかしたら、国民から、必ずしも、よく思われていない面が一部あるのかもしれませんし、いろいろな思いが交錯《こうさく》していて難しいところもあるのではないでしょうか。このへんについては、何とも言えないところがあります。

また、本人の著作も読んだところ、頭のよい方であることは間違いないと思うのですが、どういう位置づけになっているのかは、やはり何とも言えません。

意識がはっきりとしているなら、今の韓国のあり方や、あるいは、日本、アメリカ、中国、北朝鮮などのあり方等についても意見を言ってくださると思います。しかし、もし迷っている状況《じょうきょう》であれば、その意見を、どの程度までなら受け止めてよく、どの程度から聞いてはいけないのか、選《え》り分けをしなければならないのではないかと考えています。

いずれにしても、韓国出身の国連事務総長である潘氏《バン》（守護霊《しゅごれい》）の霊言《れいげん》（『潘《バン》基文《キムン》国連事務総長の守護霊インタビュー』〔幸福の科学出版刊〕参照）に引き続き、韓国に向けて、〝戦艦大和《せんかんやまと》の四十六センチ砲《ほう》〟を撃《う》ち込む第二弾の機会となるかもしれません。

ただ、間接的に、安倍政権の応援《おうえん》になるか、あるいは、ぶち壊《こわ》しになるか、今のところ、分からない状況ではありません。「安倍に用心しろ」と言うかもしれませんし、何と言うか分からないところがあるわけです。

とりあえず、このへんを訊《き》いてみた上で、今の娘さんについての見解や、日本に対しての見解も訊いてみたいと思います。

今日は、〝怖《こわ》い〟質問者が揃《そろ》っていますので、いかなる出方をしても、何らかの対応はなされるのではないかと考えています（笑）。

なお、日本の学校を出ていますので、たぶん霊言は日本語で問題ない方でしょう。

それでは、お呼びします。

朴正煕《パクチョンヒ》韓国元大統領よ。

朴正熙《ぼくせいき》元大統領よ。

どうか、幸福の科学総合本部に降臨したまいて、われらに、霊界《れいかい》に還《かえ》られてから後《のち》のお考え、真意、韓国や日本のあり方、アメリカや中国に対する考え方等、現在必要なことについてご意見等がありましたら、お伺《うかが》いできれば幸いです。

遺《のこ》された娘さんが、今、大統領をなされておりますけれども、日本人も韓国人も、朴正熙元大統領のご意見が聞けるならば、みな、心して聞きたいと考えていると思います。

どうか、日韓関係の未来も見据《みす》えて、よろしくご助言のほど、お願い申し上げます。

朴正熙元大統領の霊よ。

朴正熙元大統領の霊よ。

どうか幸福の科学総合本部に降りたまいて、われらをご指導したまえ。

（約十秒間の沈黙《ちんもく》）

2　父は「反共」、娘《むすめ》は「親中」

東京には「国際〝霊界《れいかい》〟裁判所」がある？

朴正熙　ううーん……。

酒井　こんにちは。
朴正熙元大統領でございましょうか。

朴正熙　うーん……、うーん……、うーん……。

酒井　何か、ご都合《つごう》が悪いことでもあるのでしょうか。

朴正熙　うーん。いや、ここに出なきゃいけないということ自体が、まあ、都合はちょっと悪いわねえ。

酒井　そうですか。

朴正熙　うん。ここは、〝国際司法裁判所〟なんだろう？

酒井　（笑）

朴正熙　極東《きょくとう》の〝国際司法裁判所〟なんだろう？　そういうふうに聞いている。

酒井　なるほど。
先般《せんぱん》、娘《むすめ》さん（朴槿恵守護霊《パククネしゅごれい》）がこちらに出られたのは、ご存じですか（『安《あん》重根《じゅうこん》は韓国《かんこく》の英雄《えいゆう》か、それとも悪魔《あくま》か』〔幸福の科学出版刊〕に所収）。

朴正熙　ああ、聞いてる。知ってる、知ってる。

酒井　そうですか。

朴正熙　「国際司法裁判所が二つある」と聞いているからな。「ハーグに一つと、日本の東京に一つある」というのは聞いているので。
まあ、「国際〝霊界《れいかい》〟裁判所」なのかな？　分からないけど。

酒井　ええ。そういうことになるかもしれません。ただ、「裁判」をするわけではないんです。

朴正熙　でも、いちおう、そういうことなんだろう？

酒井　いやいや。

朴正熙　まあ、白黒をつけるんだろう？

娘《むすめ》への愛は変わらないが、大統領としての意見は違《ちが》う

酒井　前回、娘さん（守護霊）が出られたときに、「お父さんの朴正熙元大統領

とは、今、仲が悪い」ということを言っていたのですが。

朴正煕　いやあ、そんなことは公式には認められないですよ。

酒井　そうですか。

朴正煕　公式には認められない。

酒井　公式には認めない？

朴正煕　うん。公式には認められない。

酒井　ただ、娘さん（守護霊）のほうは、「今、父親とは仲が悪い」と。

朴正熙　まあ、向こうが思うのは勝手ですが、親は、そうは思わない。

酒井　そうは思っていないのですね。

朴正熙　親は、そうは思わずに、「気の毒だな」と思っている。「若くして両親を亡《な》くして、気の毒だなあ」と思っておりますから。

親の愛に変わりはないがね。

酒井　ああ。はい。

朴正熙　ただ、大統領という職責における仕事については、それぞれの見識によって意見が違《ちが》うところはあるわなあ。

酒井　それでは、今の状況《じょうきょう》について、だいたいご存じなわけですね。

朴正熙　分かってるよ、それは。
陸軍士官学校を三番で卒業するっていうのは、君らと比べても、そんなに頭が悪いわけじゃないぞ。

酒井　いやいや、そういう意味ではございません。

朴正熙　うん？　うーん？

今、韓国《かんこく》を率いていくのは、極《きわ》めて厳しい状況《じょうきょう》

酒井　そういう目から見て、今の娘さんの政権運営について、まず、ご感想をお聴《き》かせいただければと思います。

朴正煕　うーん、まあ、運命と言えば運命かねえ。運命だろうとは思うんだが、「この運命をどう感じているのか」というところだよね。もちろん運命的に感じているとは思うんだよ。

父親が大統領として暗殺され、母親も暗殺されて、その何十年か後に（自分も）大統領になった。「この運命の操《あやつ》り糸がどういうふうに引かれているのか」ということは、たぶん、深く考えてるとは思うんだけども、まあ、「〝救世主〟的立場を要求するのは、ちょっと無理かな」という気はするね。

今の時点での韓国《かんこく》を率いていくのは、極《きわ》めて厳しい状況《じょうきょう》ではあるな。

酒井　厳しいと。

朴正煕　うーん、厳しい！

酒井　どのあたりが厳しいのでしょうか。

朴正煕　大国に挟《はさ》まれてるわねえ。大国のパワーポリティックス（権力政治）のなかで翻弄《ほんろう》されている。

まあ、中国も大国になってきたし、日本も依然《いぜん》として大国だよ。それから、アメリカも大国だし、ロシアが後ろに控《ひか》えてるよねえ。〝四頭の虎《とら》〟に囲まれた状況のなかで、また北朝鮮《きたちょうせん》という狂犬《きょうけん》か山犬《やまいぬ》みたいな国があるわなあ。このなかで、「どう国を舵取《かじと》りして、滅《ほろ》ぼさないようにするか」っていうのは、そんなに簡単なことではないと思う。

反共主義を掲《かか》げ、「南北統一」を目指した朴正熙《パクチョンヒ》元大統領

小林　ただ、その「大国に囲まれている状況」というのは、この二千年ぐらいの韓半島の運命といいますか、たどってきた歴史であると思います。

朴正熙　うーん。

小林　今の時点での最大の論点として、日本国民を含《ふく》めて多くの国の人たちが心配に思っているのは、韓国が、「国民の幸せのためには、中国のような国柄《くにがら》や体

制がよいとするのか、それとも、日本やアメリカなどの自由主義圏《けん》と組んだほうがよいとするのか」という、いちばん根本《こんぽん》のところで、どういう選択《せんたく》をしようとしているのかということです。

朴正煕　まあ、そうだねえ。私の生前のね、まあ、もちろん軍事クーデターから起きた革命ではあるけれども、その基本的な主張というか、それが起きた理由は、要するに、第二次大戦終了《しゅうりょう》後、朝鮮戦争があって、「共産主義勢力」と「自由主義圏」との戦いとして、「第三次大戦」の可能性がかなり大きくなってきたということだった。

「反共主義」というのを一つ掲《かか》げたのは間違いなく、「反共のための国づくり」というものを行った。共産主義と戦って、国力も世界第四位ぐらいの軍事大国に持ち上げ、できれば長期政権をやって、私の代で「南北朝鮮の統一」まで持っていきたいと。

要するに、自由主義圏のなか、アメリカとの同盟関係のなかで、「北朝鮮との統一」まで持っていきたかった。

ドイツも、当時はまだ、ベルリンが東西に分かれて苦しい状況ではあったけども、やっぱり分かたれたものは、一つに戻《もど》らなければいけないと思う。それは、誰《だれ》かがやらなければいけないことであったのでね。

まあ、ドイツについては、誰かがやるとは思っていたけども、ソ連が崩壊《ほうかい》して、ああいうふうになるとは、私のころには、ちょっと分からなかったね。

だけど、「北朝鮮との統一」は、私の手でやろうと思っていた。

韓国《かんこく》を成長させるための政策は、日本を参考にした

朴正煕　その意味で、韓国《かんこく》の経済成長と同時に、軍事力の強化をやって、アメリ

カとの関係を良好にし、もちろん日本とも……。

まあ、「反日」という言い方を先ほどなされたけど、いちおう、韓国の内部の感情もあるのでね。日本に支配された四十年近い歴史があって、その感情があるから、それを言わない限りは、国民がなかなか納得《なっとく》しない部分もある。だから、いちおう言ってはいたけど、経歴から見て、私も、半分は日本人だからね。その意味で、日本のすごさというのは、ある程度、知ってはいたので。

少なくとも、マッカーサーに最後は負けて、降伏《こうふく》したことにはなっているけども、あのマッカーサーをフィリピンから追い出したのは間違いないんだ。私は、それを知っている人間だからね。だから、そのころに士官学校にいたので、その気分というのは、よく知っている。日本は強かったわなあ。

アジアにこれだけの強国が出てきたっていうことは、やっぱりすごかったし、「清国《しんこく》とロシアを、二つとも破ってしまった」というのは、韓国のほうから見て、自分の国のことではないとしても、何か誇《ほこ》らしい面が一部あったことは事実だな。

小林　多くの人が指摘《してき》されていることですが、朴元大統領が行った経済政策や、安全保障政策などは、日本を参考にして……。

朴正熙　まあ、そうだよ。

小林　経済を成長軌道《きどう》へ乗せて、中進国へと一気に浮上《ふじょう》させたという意味では、本心の部分では、日本の姿をよく研究し、参考にしたということでしょうか。

朴正熙　うーん。まあ、「自由主義圏のほうに足場を置いて、共産主義と戦う」と言いつつも、ただ、経済に関しては、ソ連の五カ年計画を参考にして、計画経済的に国を発展させようとしたところはあるけどね。
でも、反共というところは、基本的には一致《いっち》してたかな。

一本、筋が通っていない、現大統領の安全保障政策

小林　ところで、安全保障に関して、一点、懸念《けねん》されることがあります。つい二年ぐらい前までは、韓国の世論《よろん》や政治家が、日本との安全保障上の協力、自衛隊との協力などに関して、反対するようなことを言っても、韓国の軍部のほうは、「日本の自衛隊や米軍と組んで三国の『トライアングル』を強化しないと、自国は守れない」という姿勢を明確に持っていたように見えたのですが……。

朴正熙　うん、うん、うん。

小林　今の朴槿恵大統領になってから、軍のほうも、非常に国民におもねったスタンスを取り始めて、実際に、そういうことをやり始めているように見えますので、大局的に見たときに、「その方向で本当に大丈夫《だいじょうぶ》なのだろうか」と思うのです。

朴正熙　ちょっと心配だね。

小林　ええ。

朴正熙　本当に、中国軍とでも合同しかねない傾向《けいこう》もあるし、場合によっては、ロシア軍とだって組みかねないし、アメリカとも組みかねないし、ちょっとクニャクニャとしているようには見えるのでね。

要するに、女性が困って迷ったときに、いろいろなところにすがろうとして走り回っているような姿にも見えなくはないですな。はっきり言ってね。
一本、筋が通っていない。

小林　そこに、一本、筋を通すような、霊界からの指導というか、インスピレーションを降ろすとか、そのあたりはいかがでしょうか。

朴正煕　まあ、中国が発展しすぎたんだろうねえ。私のころの認識から比べれば、中国が大国化している。
だから、今のところ、槿惠のほうは、「中国がアメリカを抜《ぬ》いて世界最大の大国になる」という考え方のほうを信じているんだろうとは思うね。それだったら、中国についたほうが有利だよ。貿易も大きいし、最後は、北朝鮮からの攻撃《こうげき》に対する安全保障が深刻な問題としてはあるからね。だから、ある意味で、「中国と同盟関係を結ぶことで、これを止められるのではないか」と考えている節《ふし》はある。

反共という姿勢が崩《くず》れて、「どのような合従連衡《がっしょうれんこう》をしてでも、韓国が独立と繁栄《はんえい》を守れたらいい」という考えになっているような感じに見えるなあ。

「中国の属国になる方向」に動いている朴槿恵《パククネ》大統領

小林　「中国と組めば、北朝鮮を抑《おさ》えてくれるのではないか」という考えは、われわれから見ると幻想《げんそう》に思えるのですが、お父様の目から見て、そのあたりは、どのように評価をされますでしょうか。

朴正煕　それはねえ、まあ、「ヤクザが怖《こわ》いとき、もっと大きな暴力団や、もっと上の組に頼《たの》めば、小さな組は黙《だま》る」という考えに、ちょっと近いわね。北朝鮮は、〝ヤクザ〟だと思いますよ、私は。だけど、「もっと怖いのが後ろにいる」ということで、こちらを押《お》さえれば、黙らせられると。まあ、そういう簡単な論理だわね。論理的にはね。

酒井　要するに、それは、「属国になってもいい」という選択であることは間違いないわけですね。

朴正熙　事実上、その方向に、今、動いていると見ざるをえないわねえ。

酒井　ええ。

朴正熙　事実上、そうなんじゃないか。反共というスタイルを捨てたのは、要するに、「共産主義のほうが、また繁栄する」と見ているということだろう?

アメリカ自身も、オバマさんの時代に、ある意味で「左」に寄ってきたじゃないですか。民主党政権下で、社会主義政策のほうにグーッと寄ってきつつありますのでね。

世界が、ある意味で二極化して対立していたのが、その後、冷戦状態が終わって、「アメリカが一極スーパーパワーとして君臨する」と思っていたら、オバマさんの時代に、急に、世界の自由主義圏が「左」に寄りかかってきた。日本も、民主党の政権になっていたと思うけどね。

それで、今度、中国のほうは、共産主義と言っていたものが、経済においては自由主義圏と変わらない動きをし始めて、貧富《ひんぷ》の差がすごく大きくなってきた。かつてのアメリカみたいな言い方だけど、金持ちとそうでない人の差がすごくある。

これをなくすのが、共産主義のいちばんの理想だったはずだよね。「貧富の差がない平等な社会」っていうのが。

ところが、その共産主義国で、今、貧富の差が最大に開《ひら》いて、アメリカや日本よりも開いているかもしれない。それくらい開いてきてるわね。これをどうにかしなきゃいけないという問題が出てきているわけだけど、どっちが「右」で、どっちが「左」か、分からなくなってきたところがある。

ただ、一点言えることは、アメリカ型国家の国民は、ある程度、人権っていうもので守られている面があると思うんだよ。日本にも、そういうところがあるとは思う。

でも、中国には、そういう自由主義のように見える部分もあるけども、そうは言っても、「国民の人権は軽く、国家の力は強い」という面は、まだ今のところはあるわね。

3　韓国《かんこく》は今、「国家存亡《そんぼう》の危機」

「軍国主義的な中国」と「反戦的なアメリカ」との板挟《いたばさ》み

酒井　歴史の話で言うと、韓国《かんこく》は李氏朝鮮《りしちょうせん》時代に戻《もど》ろうとしているようにしか見えないのですけれども。

朴正熙　いや、私のころから、何て言うか、「朝鮮五千年の歴史」と、ずっと言い続けていたのでね。まあ、「五千年」というのは、「中国に引けを取らない」ということですよ。古ければ古いほど威張《いば》りますからね。

李氏朝鮮どころか、「五千年の歴史」ですから、中国に向けて、「世界の四大文明だか何だか知らないけれども、それと比べて、全然、遜色《そんしょく》がない」ということを言っていたわけだ。

まあ、本当の愛国主義というか、根本的な愛国運動として、「独立国家、統一朝鮮をつくりたい」というのが、私の希望だったんだけれども。

ただ、今は、どちらかというと、うーん……、正直言って、本能的に「北」の暴発が怖《こわ》いんだろうと思うんですよ。いきなり、ガーッと仕掛《しか》けてくるのは、やっぱり怖い。だけど、そのときに、今のアメリカが助けに来るかどうかというと、多少、牽制《けんせい》はしてくれるとは思うが、本当に戦争までやって助けてくれるかどうかについては、やや疑問がないわけではない。

中国についても、腹黒いというか、懐《ふところ》が深いところもあるので、敵か味方かよく分からない部分はある。まあ、天秤《てんびん》にかけて、「北朝鮮と韓国と、どっちがおいしいか」を考えれば、韓国のほうがおいしいわね。

だから、「うまいことを言って、味方のふりをして、韓国のほうを窃取《せっしゅ》できれば、それに越《こ》したことはない」という考えは、たぶんある。

日本だって、放置すれば、また強くなってくるかもしれないしね。

だから、そうとう頭がシャープでないといけないが、シャープなだけでは駄目《だめ》だ。シャープでも、コロコロ変わる頭だったら駄目で、やはり筋を通さないと、国際的な信用がなくなる可能性はあるわねえ。

そういう意味で、「中国に、あれだけ強い軍国主義的な指導者が、もう一回出てきた」ということと、「アメリカに反戦的な大統領が出てきた」ということの、この運命の巡《めぐ》り合わせは、非常につらい板挟《いたばさ》みだなあ。

韓国《かんこく》の軍部が独自に政治性を持つことはない

及川　では、確認させていただきたいのですが、先ほどのお話は、韓国《かんこく》政府や政治家、マスコミ、世論《よろん》での話だと思うのですけれども、韓国の軍部そのものも、そのように、「二股《ふたまた》をかける」というか、優柔不断《ゆうじゅうふだん》な発想なのでしょうか。それとも、北朝鮮の脅威《きょうい》に関して明確な認識をしているのでしょうか。

朴正煕　いや、軍部そのものには、それほどの政治性はないとは思うんですよ。基本的にはね。

だから、政府のほうが方針をしっかりしていれば、いちおう、その方向で動くので、軍部独自に政治性を持って動いたりするようなことは、あまりないと思う。中国のように、いろんな軍区によって、軍がいろいろ動いたりするのとは、ちょっと違《ちが》うと思うんだけどもね。

国家存亡《そんぼう》の危機に直面し、ディフェンス型になっている韓国《かんこく》

小林　今、私は、軽いショックを受けているのですが……。

朴正煕　え？　何が？

小林　ご生前の朴元大統領には、「韓国《かんこく》、あるいは朝鮮半島の歴史のなかでは比較的《ひかく》、独立不羈《どくりつふき》の精神の非常に強い政治家でいらっしゃる」という印象があったのですが、二〇一三年の情勢分析《ぶんせき》に関して、「敗北主義」とまでは言いませんけれども、「結局は、長いものに巻かれていく方向に行かざるをえないのではないか」という情勢認識をされているように窺《うかが》えます。

朴正熙　いやあ、客観的には、「国家存亡《そんぼう》の危機」だと思いますよ。私は、そう思ってます。

小林　ええ。

朴正熙　あなたがたが国連事務総長のところにも〝弾《たま》〟を撃《う》ち込《こ》んだから、衝撃《しょうげき》が走っておるけれども（前掲《ぜんけい》『潘基文《バンキムン》国連事務総長の守護霊《しゅごれい》インタビュー』参照）、国連のトップのポストを韓国人が持ってるっていうことは、「国連軍は韓国の利益に反する行動を取れない」ということだろう？

例えば、竹島《たけしま》問題で、もし軍事衝突《しょうとつ》が起きたとしても、韓国人がトップだったら、国連軍は韓国に反する動きはできないわねえ。そういうことでしょう？

これは、当然、狙《ねら》ってやっていることだとは思うけども、ある意味では、全部、ディフェンスなんですよ。今、ディフェンス型で、「いかにして国の存続を保つか」という考えで行動していて、そんなに強いわけではないんですよね。

小林　次のアメリカ大統領選挙で、共和党の大統領が生まれた場合は、どうされますか。

朴正煕　共和党は……、まあ、でも、今、激しく鎬《しのぎ》を削《けず》っているんでね。共和党が、オバマさんを苦しめているところに対する反発も、かなりあるように見えるので、「共和党が、ストレートに『強い共和党』としてデビューできるかどうか」は、分からないところはあるねえ。

「日・韓《かん》・米の関係が崩《くず》れるぐらいなら竹島《たけしま》を消しても構わない」

小林　あなたは、ご生前、まあ、これが、よいか悪いかは別としまして、「独立を保たなければいけない」ということで、場合によっては、核《かく》武装まで含《ふく》めて、検討のオプションに入れられるぐらいの強さを持った大統領であったようですけれども……。

朴正煕　うーん。

小林　これは、われわれにとっても非常に重要な質問になるわけですが、まあ、この収録も、本になって出ますのでね。

朴正熙　ああ。それが怖いね。

小林　ええ。要するに、日本の保守派というか、識者の多くは、あなたの娘《むすめ》さんである今の大統領が、感情的に動くことについては、「ある程度、やむをえない。そういう部分もあるだろう」と思いつつも、その父親であるあなたの考え方については、「もう少し芯《しん》が通っているのではないか」と思っているわけです。

朴正熙　まあ、それはそうだよ。うん、うん。

小林　しかし、「やはり、父親のほうも、客観的に見て厳しいのではないか。どうも、韓国《かんこく》の今の国柄《くにがら》に基《もと》づいて判断をしているらしい」ということになりますと、これは、日本の国、もっと言えば、日本政府の極東《きょくとう》政策にかなり大きな影響《えいきょう》を与《あた》えるでしょう。

朴正熙　うーん……。

小林　私ですら、今、お話ししながら、「これでは、やはり、そろそろ考え方を変えなければいけないのかな」と、半分ぐらい思い始めている感じです。これについて、どういうスタンスを取られるのか。つまり、「娘さんの方向は、やむをえない」という選択《せんたく》に行くのか、それとも、「やはり、インディペンデントな精神を発揮しなければいけない。そうは言っても、中国に巻かれたら、大変なことになるから、いちばん重要なところを取る」という選択に行かれるのか。ここの判断が、おそらく、国の運命を決めるのではないかと思うのです。

朴正煕　それはねえ、時代性と、トップの人間性と能力の問題が絡《から》んでくるから、たいへん難しいけど……。

例えば、私が大統領をしていれば、「軍事演習で、竹島奪還訓練《たけしまだっかんくんれん》をしてみせる」というようなことは、ありえないとは思います。

小林　そうでしょうね。

朴正煕　そんなことは小さすぎます。だから、「右翼《うよく》の人間が、突如《とつじょ》、上陸した場合に奪還する訓練をして、日本を牽制する」みたいなことは、私としては考えられない。こんなことをしていたら、周りには、もう味方がいなくなる。

小林　そうですよね。

朴正煕　基本的な国家戦略としては、そういう小手先のことで動いてはいけない。私だったら、「もう竹島自体を爆破《ばくは》して、消しても構わない」ぐらいの気持ちはありますよ。日・韓・米の関係が崩《くず》れるんだったら、むしろ、そんなのはないほうがいいし、経済的利権なんか、ほとんどないですからね。

今、そんなものを独立の象徴《しょうちょう》にしてやってはいるけど、実につまらん話です。本当に小さな話なのでね。

あの島は要《い》らないよ。現実に地図から消してしまってもいいぐらいだ。そのほうが、日韓は平和だし、次の火種はなくなると思う。

例えば、あれを守るために次の戦争が起きるというようなことになるんだったら、バカげていると思うし、竹島問題を絡めたら、アメリカが防衛に出れない。

だから、安倍《あべ》首相のほうは、日米の共同軍事行動にすごく賭《か》けていて、今、集団的自衛権の問題のほうに入っていこうとしているけども、実際、竹島での軍事騒動《そうどう》が起きたときに、「では、日米で動けるか」といったら、たぶん、ほとんど動けない状況《じょうきょう》になるわねえ。さらに、「日本独自で動けるか」といっても、日本独自では動けない状況だったときに、この三国の関係がばらされることになる。「（日・韓・米の関係が）ばらされたときに、利益を得るのはどこか」って考えれば、結論的には、北朝鮮や中国ということになるわね。

そういうことを考えると、やはり、「大きな基本戦略のないことをやっている」と感じられるねえ。

酒井　では、朴元大統領としては、やはり、「アメリカ側、日本側につくべきだ。そこに軸足《じくあし》を置くべきだ」と？

朴正熙　まあ、今、韓国のほうは、「アメリカが衰退《すいたい》して、中国が世界一になる」と信じているようだからね。

ただ、あなたがたの見方もそうなんだろうけれども、客観的には、「中国や韓国の経済は、曲がり角に来ているのではないか」という見方をされているんだろうし、日本は復活を目指しているしね。

「復活」を目指す日本。それから、アメリカにも、いずれ「復活」の運動は起きてくるであろうから、「それらとの未来をどう読むか」っていう問題だよ。

4　韓国《かんこく》はなぜ「反日」なのか

習近平《シージンピン》は「最後の皇帝《こうてい》」になる気がする

酒井　TPP（環《かん》太平洋戦略的経済連携《れんけい》協定）で言えば、すでに、韓国《かんこく》は入ろうとしても入れないのではないですか。

朴正熙　うーん……。

酒井　これに入って、自動車産業なども関税を下げれば日本に負けるでしょうから。ただ、このまま入らなければ、実は、経済的にも「中韓包囲網《ほういもう》」が敷《し》かれてしまうのではないですか。

朴正熙　うーん、包囲網がどうかということだが、まあ、とりあえず……。

酒井　「そちら（中国）につくか」ということですね。

朴正熙　まあ、私の感じとしては、率直《そっちょく》に言って、「習近平《シージンピン》は最後の皇帝《こうてい》になる」という気がしてしかたがないんだ。私の勘《かん》としては、「これが最後になるのではないか」という感じが、ちょっとしてはいるんだけどねえ。

小林　そうであれば、やはり、その方向へ国の舵取《かじと》りをすべきではないですか。

朴正熙　いや、それをするには、やっぱり、韓国が小国すぎるような気がするね。

小林　ですから、そこは、アメリカなり、日本なりと組みながら……。

酒井　そうですね。

「強者の戦略」で中国のあとに朝鮮《ちょうせん》を取った日本

酒井　先ほど、私は「李氏朝鮮《りしちょうせん》時代に戻《もど》ろうとしているようにしか見えない」と言いましたが、あなたは著書のなかで、韓国の事大主義的性格を批判していましたよね？

朴正熙　うーん。

酒井　フラフラ、フラフラと……。

朴正煕　うんうん。いつもしているな。

酒井　「どこにつくか」ということで、利害関係で動いていき、結局、李氏朝鮮は滅《ほろ》びましたよね？　今、これと同じことをしているのではないですか。

朴正煕　うーん。いつも属国になりたがる。まあ、地政学的に見ても、そういうところはあるんだけどね。

酒井　まあ、それはそうなのですが、「やはり、李氏朝鮮のやり方が間違《まちが》っていた」という考えはあるのではないですか。

朴正熙　まあ、日清《にっしん》戦争でねえ……。

でも、当時の「GDP世界一」は中国だったと思うんだよ。能力はないけど、人口も多くて、国土も大きかったから、GDP世界一は中国だったと思うし、中国とインドを併《あわ》せれば、世界の大部分を持っていたと思うんだけど、両方とも戦争は弱かったので、もっとGDPの小さな国に支配されていた。

それは、「実は、経済力そのものは国力とイコール、あるいは、軍事力とイコールではない」ということの証明ではあるんだけどもね。

まあ、みんな、中国のほうが強いと思っていたのに、日本があっさりと勝ってしまった。日清戦争が起きたのは、一八九四年から一八九五年か？

だけど、日本としては、「強者の戦略」だね。中国に打ち勝ってから、朝鮮半島のほうを併合《へいごう》に入ったんでしょう？　まあ、弱いのは朝鮮半島のほうですから、本来なら、「こちらを取ってから、次の中国に備える」というのが……。まあ、戦略的には、そうあるべきなんだよなあ。

だから、西郷隆盛《さいごうたかもり》の「征韓論《せいかんろん》」というのは、戦略的には実に正しいことで、征韓論が受け入れられなかったので、彼は下野《げや》しているけども、一八七七年の段階で征韓論をやられていたら、朝鮮半島は日本のものになっていたはずだ。日本で余っていた士族たちを、全員、朝鮮半島に送り込《こ》んで戦わせたら、たぶん支配していたはずだよ。

本当は、これを足場にして、日清戦争の下準備に入るのが、戦略的には正しい戦い方だと思うんですよね。

それなのに、親玉のほうを先にやっつけてしまい、そのあとで併合したかたちになっているわけですから、「日本は想像以上に強かった」と言うべきだと思うね。

日韓併合《にっかんへいごう》時代、日本人は韓国人も対等に扱《あつか》おうと努力していた

酒井　そうしますと、その李氏朝鮮の時代と、それ以降の韓国人《かんこく》では、どちらが幸せだったと思いますか。

朴正熙　分からない。分からない。まあ、要するに、「自主独立の気概《きがい》」というのは、いつもなかったのではないかねえ（苦笑）。

酒井　あなたは、一九一七年に生まれていますから、一九一〇年（日韓併合《へいごう》）や、それ以前については分からないのかもしれませんが、それまでは、「人権」がなかったですよね？

朴正煕　ああ、人権は、うーん、そらあ……。

酒井　韓国併合以前ですね。

朴正煕　とにかく、「人権」よりは「国家」のほうが、はるかに上だったね。

酒井　ただ、あなたが生まれてから先は、いかがだったのでしょうか。

朴正煕　うーん……。

酒井　日本は、「日帝（日本帝国主義）」と言われるような、すごい弾圧《だんあつ》をしている国だったのですか。

朴正煕　まあ、そのへん、私は日本に留学していますからねえ。それは、日本人には差別する心があったとは思うけれども、理性的な面では、できるだけ対等に扱《あつか》おうとする努力をしていたようには思うね。

いわゆる、その軍の幹部養成学校である士官学校には、私なんかが入っていますし、私だけじゃなく、今で言えば、中国に属する満州《まんしゅう》系の人たちも入っているし、韓国の人たちも入っています。彼らを日本の軍部エリートと同じように勉強させ、卒業させているのを見れば、「公的な、オフィシャルな面で、差別しようという気はなかった」というのは、そうだと思うんですよね。

酒井　当時、そうとうな金額を朝鮮に投資していたはずなのですが……。

朴正煕　うん、まあ、それはそうです。

酒井　これについて、どう思われますか。これで、本当に「植民地」と言えるのですか。

朴正煕　いやあ、だから、国家としては、日本ということになっていたわけだから、投資したことにはならないかもしれませんがね。「自分の国のためにやった」ということであれば、考え方としては、「他国に投資した」ということにはならないのかもしれないけどね。

酒井　ただ、インドなど、欧米《おうべい》の植民地と比べて、どう思われますか。

朴正熙　うーん、そうだねえ。だから、韓国人も複雑なんだ。日本が、最後に負けたからね。

だから、「日本と一緒《いっしょ》だった」と言われるのは嫌《いや》だし、日本から距離《きょり》があるように言わないと、立場が悪くなるので、嫌日《けんにち》・反日を言っているところはある。だけど、日本が、もし戦勝国になっていたら、話は全然違っているわな。

酒井　今でも、「日本が賠償《ばいしょう》しなければいけない」という話があるではないですか。

朴正熙　それはねえ、感情論だと思うな。たぶん、感情論であって、それを言い続ける限り、なんか、蚊《か》がブンブン飛んでいるような感じで、とにかく、落ち着いて眠《ねむ》れないという感じかな。私から見ていて、その賠償云々《うんぬん》という問題はね。

暗殺を恐《おそ》れて多方面に「いい顔」をする朴槿恵《パククネ》大統領

小林　未来に向けての話を少ししたいのですが。お話を伺《うかが》っていると、「あきらめ主義」とは言いませんが、現状追認型のコメントが、かなり続いているように思いますので……。

朴正煕　そうか。そう見えるか。

小林　ええ。ですから、一言、お話ししたいのですが。大川隆法総裁からは、例えば、「一つの国において、国全体の考え方が変わってきたり、思想が変わってきたりすると、人材が出てくる。

つまり、新たに人がそこに生まれ変わってきて、その国の歴史の運命を変える人材が出てくる」というようなこともお教えいただいています。

朴正熙　うーん。

小林　これに関しては、やや昔のことではありますが、「韓国にも可能性はありうる」という、いわば予言に当たる部分も大川総裁から頂いています。

ただ、今までの韓国の歴史のなかでは難しかったのかもしれませんし、現状を見渡《みわた》しても、まだ出てきていないのかもしれません。

しかし、片や台湾《たいわん》などでは、小国でありながら李登輝《りとうき》のような人が出てきて踏《ふ》ん張ったりもしました。

ですから、そういった可能性のようなところに対して少し開拓《かいたく》を……。

朴正煕　李登輝は、日本の偉《えら》さをよく知ってるんだと思うよ。本当に分かっていて公平に言ってるんだと思う。

小林　ええ。

朴正煕　「ほかの国に支配されたら、大変なことになるところだった」と思ってるんだと思うよ、本当に。うーん、それはよく分かってるんだと思う。だけど、今の大統領の朴槿惠《パククネ》、まあ、娘《むすめ》のほうは、「両親とも暗殺された」というのがあるから、こういう言い方はしたくないんだけれども、暗殺されないように、一生懸命《いっしょうけんめい》、動いてるようにしか見えないねえ。

小林　それが、朴槿恵大統領の第一優先順位ですね。

朴正熙　いろんなところに対していい顔を見せて、そうしながら、融和《ゆうわ》的に、暗殺されないように動いてるようには見えるね。

小林　いわば、その逆をされたのが、お父様だったわけですよね？

朴正熙　うーん。まあ、私は、「韓国の大久保利通《おおくぼとしみち》」と言われてるぐらいだけどもねえ。

だから、やっぱり、「暗殺されても、国家の背骨の部分をつくらなきゃいけない」という感じを持っていたのは事実ではあるわね。

小林　ええ。

韓国《かんこく》国民に「ある種の悔《くや》しさ」が残っている日韓併合《へいごう》と独立

朴正熙　だけど、韓国には人材が続かないところが悲しいわなあ。

小林　うーん。

朴正熙　まあ、非常に言いにくいけれども、あとに出てきた何人かの大統領は、実に実に、小人物だったな。

酒井　それは、韓国の教育に問題がありませんか。

朴正熙　うーん、教育にもあるかもしれない。教育にもあるかもしれないがね。

酒井　なぜ、あなたは、反日教育を変えなかったのですか。

朴正熙　うーん……。でも、少なくとも、感情論としては、あなたがたが沖縄《おきなわ》の県民性を変えられないのと同じような問題があることはある。

だから、被害《ひがい》を受けた感覚が残っているうちは、そう簡単に変わらないところがあるわねえ。

酒井　ただ、教育の内容自体は、かなり捏造《ねつぞう》されていますよね？

朴正熙　うーん……。まあ、どうなんだろうね。

やっぱり、「ある種の悔《くや》しさ」があったことは事実なんだろうと思うんだよ。

日韓併合《へいごう》されたにしても、戦争をすることもなく併合されてしまっているだろう？

「戦って敗れた」というのなら、それなりの潔《いさぎよ》さがあるし、「ノックアウトされて倒《たお》された」というのであれば、「勝てなかったんだから、しかたがない」というあきらめもある。

だけど、戦《いくさ》すらしないで併合されてしまって、今度はまた、戦をして独立したわけではなく、「向こうが勝手に棄権《きけん》したので勝った」というような、不戦勝みたいな勝ち方だったよな。

だから、そういう意味での、何て言うか、「やるせなさ」みたいなのが残っているんだろう。

「繁栄《はんえい》に導く偉大《いだい》なリーダー」を輩出《はいしゅつ》できずにいる韓国《かんこく》

酒井　ただ、やはり、韓国《かんこく》の歴史のなかには、自立していく考え方がないのではないでしょうか。すべてを人のせい、環境《かんきょう》のせい、他国のせいにしているところがあると思います。

朴正煕　うーん……。まあ、それは、「小国であり続けた」ということだなあ。

酒井　これが、人が出てこない理由なのではないですか。

朴正煕　うーん……。どうかねえ……。

でも、イギリスみたいなところが繁栄《はんえい》したときもあるし、オランダみたいなところが繁栄したときもあるし、ポルトガルやスペインが繁栄したこともあるし、繁栄はいろんなところに移動している。今でも、シンガポールみたいなところが繁栄しているから、まあ、言い訳にしかすぎないかもしれないね。

だから、朝鮮半島みたいなところが繁栄することだって、可能性としてないわけではない。偉大《いだい》なリーダーが出て、政治的にも経済的にもリードしていくことができれば、繁栄する可能性はあるだろうね。

だけど、それだけの人材がなかなか出せないでいるのも、確かに事実だわね。

5 「特定秘密保護法案」の隠《かく》れた狙《ねら》いとは

韓国《かんこく》が持つ「日本に対する複雑な感情」とは

小林　われわれは宗教の立場ですので、ある種の「未来透視《とうし》」といいますか、「未来予言」のようなことをしているところもあります。

もちろん、未来は確定しているものではありませんので、いろいろな未来予言が出てくるわけですが、そう遠くない将来に関する未来透視によると、韓国《かんこく》が今のままで行った場合、「中国の人民解放軍が、朝鮮《ちょうせん》半島の北半分だけではなく、南のほうまで侵入《しんにゅう》して、韓国政府というものは消滅《しょうめつ》している」という未来が、一つの予言として出てきました（前掲《ぜんけい》『北朝鮮の未来透視に挑戦《ちょうせん》する』参照）。

朴正煕　いやあ、それは知ってる。知ってるんだよ。

小林　ええ。

朴正煕　だから、朴槿恵《パククネ》大統領が、今、中国にすり寄っているのはそれゆえで、「中国にすり寄らなかったら、そうなる可能性が高い」と見て、それで行《い》ってるんだよ。

小林　韓国がすり寄れば逆にそうなるのか、あるいは、軍事的に実際の侵攻《しんこう》が起きてしまうのかは別にしましても、その場合は、今のチベットやウイグルのような運命が待ち受けているわけです。

朴正熙　うーん……。

小林　われわれが、これだけいろいろとお節介《せっかい》のように言っているのも、単に、日本のためだけではなく、「韓国の国民の方々は、本当にそれでよいのか」というのがあるからです。

朴正熙　いやあ、だから、感情が非常に複雑なのよ。

小林　ええ。

朴正熙　北朝鮮から韓国に侵攻があったときに、日本が、韓国を助けられるぐらいの軍事力を持っていて、自主性を持って守ってくれるっていうなら、日本を頼《たよ》ることもできる。

だけど、日本がそれだけ強くなること自体を、韓国が恐《おそ》れているところもあって、そういうところが、いわゆる、韓国がフラフラしているように見えるところだよねえ。

「強くなってほしくないし、強くないと助けてはもらえないし……」みたいなところがね。

秘密保護法案の狙《ねら》いを「核《かく》兵器の開発」と予想

小林　そういう未来が、仮に予見される場合、日本側の、もう一つの選択肢《せんたくし》として、「対馬海峡《つしまかいきょう》を挟《はさ》んで、中国軍と対峙《たいじ》する」というのは、歴史的に見てもありえない選択です。

ですから、本当に歴史がそちらの方向に行くようであれば、日本としては、国の方針を変えて、急速に国の舵取《かじと》りを変えていく可能性が、かなり高いと思います。

朴正煕　だから、今、「安倍《あべ》政権下で、国際的に何が起きれば、どうなるか」っていうところが、びっくり箱みたいな状態なんじゃないかい？　何か事件が起きたときに、急速に〝変身〟する可能性があるんじゃないの？

小林　ええ。その場合、戦前との比較《ひかく》が適切かどうかは分かりませんが、今の日本は、民主主義国家ですから、その上で、このまま、「国を守るという観点で、国の骨組みを大きく、短期間で変えていく」という方向に行きますと、日本の朝鮮半島政策も大きく変わっていくはずです。

ですから、そういった意味で、日本は、国防の方向へ大きく動くことになっていくでしょうね。

朴正熙　いや、今、日本では、あれだろう？　すでに閣議決定が出ていて、これから国会でやるんだと思うけども、国家の秘密保護法案かな？

小林　ええ。

朴正熙　なんか、閣議では決定していて、「公務員が秘密を漏《も》らさないように」っていう秘密保護法案を通そうとしているんだろう？　まあ、法案なら通る可能性があるから、それで、マスコミが警戒《けいかい》しているんだろうと思うけども……。

安倍首相が、秘密保護法案を通そうとしているとしたら、私らの目から見て、その狙《ねら》いは何か。

まあ、〝被害妄想《ひがいもうそう》〟の人がたくさんいるから、みんな、「自分らのところに、いろいろな被害が起きるんじゃないか」と考えて、心配しているとは思うんだけどさ。私であれば、これは、もう絶対に、「核《かく》兵器の開発だ」と考えますよね。

これをつくって、「公務員は漏らしてはならない」ということなら、「核兵器の開発をやる気だな」と思いますね。

そうでなければ、「核兵器を買い付けて、それを持っていることを、外に漏らさないようにする」ということ以外、考えられないですよ。

小林　客観的に周りからそう見られること自体は、トータルで考えて、日本にとっては、防衛上、必ずしもマイナスなことではなく、国を守ることになりますので、よいことだと思います。

朴正煕　うーん。

中国との戦争をドローにできる日本の核《かく》兵器保有

小林　日本自体も国防を強める方向へ進むことに対し、過去、いろいろあったと思っておられるのでしょうが、努力をして信頼《しんらい》に足る民主主義国家になっていきたいと思います。

そして、少なくとも、幸福の科学が政治に関与《かんよ》していくことで、いずれ幸福実現党も立ち上がるでしょうし、大川総裁のメッセージが政府の随所《ずいしょ》に影響《えいきょう》を与《あた》え続けている限り、非常に、自由にして、寛容《かんよう》にして、民主主義的な国家ができるでしょう。

中国から、日本と韓国を守るためにも、防衛力を整備していくという歴史が、これから、五年、十年と築かれるだろうと思います。

ですから、われわれからすれば、歴史が、今、そういう方向に動こうとしてると……。

朴正煕　うん、そうだ。してる、してる。

小林　ええ、そう考えていることは、お分かりいただけると思うのです。

朴正煕　まあ、朴槿惠大統領の見解と、私のほうの見解に、多少の〝ずれ〟があるのかもしれないとは思う。

「軍事的にも経済的にも、中国がナンバーワンになって、世界を支配する」と思っているんだろうけどもね。まあ、経済取引が大きいから、そういうふうにも見えるのかもしれないけれども。

ただ、私も、士官学校出なもので、軍事的な話を中心にして申し訳ないとは思うんですが、今、日中が通常兵器で戦争をして、「中国のほうが日本に勝つ」ということはないですよ。

まず勝てない。はっきり言って、自衛隊のほうが強いです。能力的に上なのでね。やっぱり、戦闘《せんとう》は数じゃないですからねえ。もう、機能が全然違《ちが》うので、日本の圧勝ではあります。

もし、日中が戦ったら、中国は一カ月もたないです。日本の圧勝で終わります。でも、「核《かく》兵器を使っていい」ということなら、話は俄然《がぜん》、変わってくるわね。中国が「核兵器を使うぞ」と脅《おど》したときには、日本は負けることになるけども、そこで、アメリカが、「それだったら、こちらも使いますよ」と言った段階で、この戦いは終わりになりますね。

だから、通常兵器のみで戦争をした場合、中国が「核兵器を使う」と言ったとしても、アメリカが、「うちも使う」と言ったら、これで終わりになるわけだ。だけど、もし、日本が、秘密保護法をつくって、もう核兵器を持っているとするよ。例えば、「米軍ではなくて、日本の自衛隊として核兵器を使える状態にあるけども、それに秘密保護をかけて、プレスやマスコミが外には出さないような状態になっている」ということであったら、日本は、アメリカを待たずして、自らが核兵器を使えるわけだ。

それで、もし、首相が、「うちも、防衛上、核兵器を使いますよ。実は、うちも持っているんです。今までは秘密にして隠《かく》していましたけども、核兵器を持っています。そちらが撃《う》ち込《こ》むつもりなら、こちらも撃ち込みますよ。北京《ペキン》は十分で崩壊《ほうかい》します」と言ったら、それは向こうも撃てないですよ。

小林　ええ、そうですね。

朴正熙　もう、これで、ドローですよね。
だから、いちおう、それを狙ってるのかなあとは思っている。

日本のもう一歩の〝変身〟が北朝鮮《きたちょうせん》問題を終わらせる

朴正熙　まあ、日本を弱く見すぎてるのかもしれないけど、実際上、韓国の〝パンチ〟は、フェザー級の選手がフットワークを利《き》かせて、一生懸命《いっしょうけんめい》、ジャブを打ってるようなもので、クルクル回ってるような状態なのでね。
日本は、やっぱり、そう言っても、まあ、ヘビー級とは言わないけど、これにかなり近いクラスではあるんですよ。アメリカはヘビー級だろうけども、これに近いわけだ。

だから、もし、日本が、もう一歩の〝変身〟をした場合、つまり、もう一段の経済成長と同時に、軍事的にも舵切りをはっきりとし、「悪に対しては屈《くっ》しません。戦います」ということを、国の方針として決め、総理まで固められた場合、それは、ものすごく怖《こわ》いわね。怖いし、強いよね。

まあ、でも、場合によっては、そこまで決めてくれたほうが、北朝鮮《きたちょうせん》問題が、それで終わることは終わるんです。

「日・米・韓《かん》の同盟国体制」がさらに広がることが望ましい

小林　そうすると、端的《たんてき》に言えば、要するに「日本は決めてくれ」ということでしょうか。

朴正煕　まあ、言いにくいですねえ。

小林　ええ。

朴正熙　言いにくい。それは言いにくい。

小林　けれども、本音はどうですか。

朴正熙　うーん……。

小林　それが、実は、韓国《かんこく》の独立を守る……。

朴正熙　まあ、人はねえ、勉強したものをなかなか捨てられないからね。ちょっと言いにくいけどねえ。

私は、「日・米・韓」が同盟国としてがっしりして、その体制が中国や北朝鮮のほうにまでキチッと広がっていくほうが望ましいとは思っている。

基本的にはね。

6　中国の将来をどう見るか

及川　「日・米・韓の同盟」をしっかりするためには、結局、今の韓国《かんこく》の反日感情が問題となります。特に、今の大統領が反日政策を率先《そっせん》して煽《あお》っているかたちになっていますので、これを何とかしないと、あなたのおっしゃっている同盟というのは、結局、韓国のマスコミと世論《よろん》によって、ずっと阻止《そし》されたかたちになっているんですよ。これについては、どうですか。

朴正煕　うーん、だけど、日本のマスコミのなかでも、「反日マスコミ」はだいぶ強いからねえ。やっぱり、マスコミだけの問題ではないような気がする。マスコミの意見もあるけども、基本的には、彼らにも商業主義がついているから、結局、「それを読む者や聴《き》く者が、どのくらいいるか」ということと、「政府のほうに、どれだけのリーダーシップがあるか」という問題になってくるんだよ。

反日の朴槿恵《パククネ》大統領は「日本の底力」を知らない

及川　その政府のほうが、どちらかというと、マスコミを使いながら、反日を煽っているような感じがするのです。

実際に、昨年、朴槿恵《パククネ》大統領が大統領選挙に出たとき、反日政策を一つの公約にされていました。そして、今まさに、そのとおり公約を実行しています。

この点に関して、朴槿恵大統領の守護霊《しゅごれい》の霊言《れいげん》（前掲《ぜんけい》『安重根《あんじゅうこん》は韓国の英雄《えいゆう》か、それとも悪魔《あくま》か』参照）も韓国語に訳されて出ていると思いますので、ぜひ、朴正熙元大統領のほうから……。

朴正熙　それはねえ、やっぱり、日本の底力をまだ知らないんだと思うね。日本人は、何か言われても黙《だま》ってるでしょう？　でも、韓国民や中国人というのは声を出して大喧嘩《げんか》したり、口から唾《つば》を吐《は》きながら議論をしたりするような国民性だからね。

だから、言い返してこないと、相手を弱いと思う。だけど、日本的に見れば、「吠《ほ》えない犬ほど怖《こわ》いものはない」。吠えない犬はガブッとくるからねえ。

だから、日本が吠えないのは、ある意味で怖いことなんだけども、なんか、あの福島の原発事故があってから、「もう日本も終わりじゃないか」みたいなふうに、〝楽観的〟に自分らに都合《つごう》のいいように感じているところはあると思うんだ。日本のマスコミが大騒《おおさわ》ぎしすぎて、全体観があんまりないところを、そのまま受け取ってしまっているところがあるように思うわね。

でも、日本を仮想敵として、ライバルとして、企業《きぎょう》でも、国家でも競争してきたわけだ。中国も、韓国も、「日本に追いつけ、追い越《こ》せ」というのを競争目標でやってきたからね。中国は、「ＧＤＰで逆転した」というところが、大きなポイントだし、韓国も「追いつきたい」と思ってやっているところだろうからね。

本当は、植民地主義だけのことを言えば、ヨーロッパも含《ふく》めて、地球的に見ると、「どう清算するか」については別の問題がある。「何が正しかったか」ということについては、そういった極東《きょくとう》だけの問題では解決がつかない部分もあるからね。「日本の世界史的な意義は何だったのか」ということは、そう簡単に答えが出るものではないと思うんだけどね。これは、あなたがたが訊《き》きたいことなのかもしれないけども……。

中国から見て、「日本に対する強力な防波堤《ぼうはてい》」になる韓《かん》半島

朴正熙　まあ、「娘《むすめ》が大統領をやっているのに、応援《おうえん》してやれない」というか、「救ってやれない」というのは残念だけども、いずれにしても、今の選択《せんたく》は、「北《きた》朝鮮《ちょうせん》にやられるか、中国に吸収されるか」、どちらかしかない方針をとっていると思うね。

うーん、危ない。

小林　危ないですね。

朴正熙　うん。どちらかしかない。

小林　そこについて、もう少し補強したコメントを頂ければと思います。

朴正熙　中国から見たら、「北朝鮮」と「韓国《かんこく》」の両方を自分の属国にして、全部押《お》さえてしまえば、これは「日本に対する防波堤《ぼうはてい》」としては、かなり強力な防波堤ができる。中国自らは被害《ひがい》を受けずに、韓半島を使って日本と戦うことだってできるわけですからね。うーん、これは楽ですよ。

小林　それを防ぐためには、どうしたらいいと思いますか。

朴正熙　「防ぐためには、どうしたらいいか」というと、日本がまた圧倒《あっとう》的に強くなることだよ。安倍《あべ》さんの言っているとおり、強くなることが一つと、アメリカが左翼《さよく》政権風になってきているのをやめさせることが大事だろうね。

「毛沢東《もうたくとう》思想による退行現象」で中国が脅威《きょうい》でなくなる

酒井　それから、最初のほうで、「習近平《シージンピン》は、もう、これで最後ではないか」とおっしゃっていました。

朴正熙　うん。私は、最後だと思うね。

酒井　そのシナリオをお教えいただけませんか。

朴正熙　だから、今は模索《もさく》中なんだろうと思うけども、基本は、毛沢東《もうたくとう》思想に戻《もど》ろうとしているだろう？

毛沢東は、独立をして建国できたところは、まあ、認めるけれどもね。秦《しん》の始皇帝《しこうてい》みたいに、独立することで、すごい独裁になって、「民《たみ》の富を吸い取って、栄耀栄華《えいようえいが》を繰《く》り広げて、没落《ぼつらく》した」という人でなかったのは事実だ。彼自身も、人民服を着て、農民でありながら戦ったというような気持ちを持っていたから、そういう人ではなかった。だから、そこまで腐敗《ふはい》していなかった面はあると思う。

しかし、「習近平《シージンピン》が、毛沢東主義に戻ろうとしている」ということは、「農業と軍事を中心にした国に戻る」ということだから、鄧小平《とうしょうへい》がつくった「西側陣営《じんえい》に追いつき追い越せ」という経済開放政策との矛盾《むじゅん》点がすごく大きくなってきていて、内部の矛盾がいっぱい出ているからね。

今、その不満を抑《おさ》えるためにも、「ネット警察」とか「機動隊」みたいなものも、そうとう出ているけれども、まあ、抑えるのが大変になってきている。要するに、共産主義の理想と合っていないからね。

そういう意味で、毛沢東主義みたいなものに戻すことで、それをおさめようとしているんだろうとは思うが、これでは国としての「退行現象」が起きることになる。
だから、今までは、「中国の強さ」と思われていたものが、今度は引っ込《こ》むことになってくるわね。経済的に成長しなくなった中国になっていくとしたら、ある意味で、脅威《きょうい》でなくなっていく可能性はあるよ。

及川　その意味では、大統領は軍人でいらっしゃったのですが、経済にもお強かったのですね。

朴正煕　うんうんうん。

韓国《かんこく》を孤立《こりつ》に向かわせている「中国ナンバーワン幻想《げんそう》」

及川　今、「韓国《かんこく》がＴＰＰに参加するかどうか」というのは、中国を孤立《こりつ》化させるためにも、非常に重要な判断だと思います。

今月（二〇一三年十月）、韓国が「ＴＰＰに参加する時期を検討したい」ということを言い始めているのですが、これに関しては、どうお考えでしょうか。

朴正熙　まあ、もう遅《おそ》いかな。うーん……。

だから、本当はねえ、韓国の人たちが考えていることとは違《ちが》って、韓国と中国は孤立のほうに向かっているんだよ。

自分らはそう思っていなくて、「自分たちは世界のリーダーになる方向に行っていた」と思っていたんだけど、なんか、いつの間にか孤立のほうに向かっているんだ。それを大統領自身が十分に理解していないみたいなんだよなあ。

だから、「中国ナンバーワン幻想《げんそう》」みたいなものをまだ持っているんだけど、「張り子の虎《とら》」だと思うよ。中国の経済成長にも、実は、まだ経験していないことがそうとうあるので、失敗がこれから出てくると思うし、今、公害もいっぱい出てきているから。

「公害のところに金を使う」というのは、実際には、経済成長の速度を止めるよね。企業は儲《もう》けることが第一だから、儲けることばっかりやっていれば、自分らのコストがかかることをしませんから。

だから、被害を出すような製品だとか、あるいは、廃水《はいすい》だとか、汚水《おすい》だとか、「公害を出す」というようなことに対策費を使えば、利益は落ちてくるわね。そうすると、経済成長が落ちてくる。これが怖いのね。経済成長の落ちることが怖いから、それが後回しになっているんだけど、人権の部分を非常に軽く見ている。

だけど、この矛盾は、もう、すぐ出てきて、今では民の反乱を抑え切れなくなっているわね。

中国の「言論統制」はヒトラー化の流れであり、崩壊《ほうかい》は間近

朴正熙　今、言っている、インターネットの時代について、私は、よく分からないし、まあ、あの世から見る以外に実際のことはよく分からないんだけども、「インターネットというのが、中国で五億人ぐらい使えるようになっている」という説を聞いたことがある。

ただ、「インターネットの内容が反政府的でないかどうかを取り締《し》まる〝警察〟が、三十万人いる」というのも聞いていたが、「最近では、二百万人いる」とも聞いているので、「もう、最後が近いな」という感じが、これを見ても分かる。

要するに、「言論統制をかけないと、国が危なくなってきている」ということ

だから、これは、はっきり言って、習近平《シージンピン》がヒトラー化してくる流れと同じじゃないかなと思う。

「あれだけの大きな国を、一つの考えだけで全部まとめる」というのは無理だと思うけども、彼らとしては、「いちおう議会はある」と思っている。一院制の議会はあるけど、あれは、いわゆる〝ジャンシャンパーティー〟だから、結論が決まってることを、みんなが議論して決めたように見せているだけなのよ。中央の執行部《しっこうぶ》で決めた結論以外にはありえないので、それを守らなかった者は、消される運命にあるわけだ。

だから、実際上、議題がなくて、中国には議会制民主主義がないんですよ。大会をやっているけど、あれは、〝ジャンシャンパーティー〟というやつなのでね。

そういうわけで、「中国に、ある意味での崩壊《ほうかい》が近づいている」というのが、私の読みです。彼で〝最後の皇帝〟になるという読みです。

まあ、それで、「中国が崩壊したあと、どうなるか」ということを考えたら、やっぱり、「日米のほうに軸足《じくあし》を残しておかないと危険だ」という判断なんだ。

小林　はい。

7 「従軍慰安婦《じゅうぐんいあんふ》問題は、日本への嫌《いや》がらせ」

「日本に併合《へいごう》されたほうがよくなる」という結論

小林　最近、韓国《かんこく》人の本音と建前《たてまえ》を書いたような本も出ていたりして、いろいろなデータや意見などを見ても、過去の大統領のなかでもダントツで一番人気が高いのが、実は、朴正熙元大統領でした。つまり、ご本人がおっしゃっている以上に、実は、まだ、とても影響力《えいきょうりょく》があります。

なおかつ、私たちが、この霊言普及《れいげんふきゅう》の活動を通じて非常に実感したことがあります。いろいろな国のいろいろな人に関するメッセージを発信するのですが、私の目から見ますと、「韓国の方というのは、ほかの国の方に比べて、霊言現象を信じられる度合いが非常に高い」という印象があるのです。

その意味で、朴元大統領は、まだまだ、ものすごく影響力がおありのように、客観的には見えるので、韓国、および、今の朴槿恵《パククネ》大統領に対して、「こうすべきではないか」というコメントを、さらにもう一つ頂ければ、たいへんありがたいと思います。

朴正熙　まあ、私の結論は、「中国に併合《へいごう》されたり、北朝鮮《きたちょうせん》に併合されたりするぐらいだったら、日本に併合してもらったほうがいい」です。そのほうが上です。ずっとよくなる。

韓国《かんこく》人の暴走を止めるために必要だった「慰安婦《いあんふ》」

酒井　そうしますと、やはり、「歴史認識」のところを正さないといけないと思うのです。

朴正煕　まあ、そうだけど……。

だから、さっき言ったように、「自由主義 対 共産主義の戦い」をやっているわけです。まあ、北朝鮮は、もう共産主義にも値《あたい》しない国ですわね。あれは、「ならず者国家」としか言いようがない国ですので、ほとんど国家の体《たい》を成していないよな。

酒井　はい。しかし、今、韓国《かんこく》が日本に対して、それ（北朝鮮）と同じような扱《あつか》いをしているわけです。要するに、「従軍慰安婦《じゅうぐんいあんふ》」の問題にしてもそうですし……。

朴正熙　それはねえ、あなたが思っているような、正当な議論じゃないんだよ。

酒井　正当ではないですね。

朴正熙　さっき言ったように、実は、蚊《か》が飛び回っているような状態に近くて、日本的に言えば、「甘《あま》え」があるんだよ。

酒井　従軍慰安婦について、結論としては、どうですか。

朴正熙　私は軍人だったのに、それを言わすなよ。そんなこと、もう……。

酒井　いちばんよく知っている方だと思うのです。

朴正煕　ええ？　まあ、知ってるよ。みんな知ってるよ。

酒井　ええ。

朴正煕　だけど、日本人は韓国人より、はっきり言って立派ですよ。日本人のほうが韓国人より理性があるよ。

小林　要するに、韓国政府の人は、「でっち上げだったことを知っている」ということですよね？

朴正煕　〝女好き〟なのは、はっきり言って韓国人のほうですよ。韓国の軍隊のほうがよっぽどひどいですよ。まあ、それはそうです。

だから、「慰安婦」で抑《おさ》えなきゃいけなかったのは、「日本軍」と称《しょう》している韓国人で、そっちのほうが危なかったんですよ。むしろ、あちらのほうに女性を用意しないと何をするか分からないっていうか……。まあ、アジアのいろんな国に行ってて、むしろ韓国人を徴用《ちょうよう》した軍隊のほうが、乱暴狼藉《ろうぜき》を働く可能性が非常に高かったので、こちらのほうを防ぐ必要があったんだ。

もし、「韓国から女性が強制的に連れていかれて、慰安婦をさせられた」とおっしゃるんだったら、それは、「韓国人の暴走を止めるために必要だった」としか言いようがないわな。

他国に比べて「独立自尊の精神」が優《すぐ》れていた日本人

酒井　でも、今、慰安婦の碑《ひ》などを建てていますね。そのために、アメリカにまで行っていますが、そこに正当性はありますか。

朴正煕　まあ、そういうマイナーなことを、なんでするのかなあ。ほとんど「嫌《いや》がらせ」のレベルですよね。はっきり言って、国家のすることではないね。だから、ヒトラーのナチスによるユダヤ人の〝あれ〟みたいな感じに、日本を持っていきたいんだろうと思うんだけどね。

国連なんかがつくられた根拠《こんきょ》も、フランクリン・ルーズベルトの提唱にあったんだけども、要するに、「ヒトラーのナチズムによる独裁みたいなことを、二度と起こさせないために、国連という組織ができた」ということになっているわけです。

まあ、そこのところのトップは、今、韓国人が押《お》さえているわけだけど、「日本国家をヒトラー的な国家になぞらえて、ほかのところに信じさせることができれば、対日本包囲網《ほういもう》をつくって、日本を牽制《けんせい》し続けられる」みたいなことをイメージしているんだろう。

ただ、私は思うんだけど、江戸《えど》時代もそうだったけども、明治以降の日本人はかなり偉《えら》かったし、アジアやアフリカの諸国に比べて、もうダントツの差があるわねえ。この差は、文化的伝統もあったけれども、やっぱり、日本人の独立自尊の精神が優《すぐ》れていたんじゃないかという気がするね。

朴元大統領は「慰安婦《いあんふ》問題」をどう見るか

及川　朴元大統領は、生前、日韓基本条約を結ぶとき、請求権《せいきゅうけん》の問題で、慰安婦《いあんふ》に関しては請求権のなかに入れませんでしたよね？　「それは、軍による強制連行ではなく、民間レベルでの単なる売春だった」ということを、ご存じだったからでしょうか。

朴正熙　まあ、世界の軍隊で常識的にあるレベルのことは、いろんな所であったかもしれないけども、特段、ナチスが（ユダヤ人を）ガス室に入れて皆殺《みなごろ》しにしたようなかたちのものはなかったよ。ありえないことなのでね。

アメリカ軍だろうと、何軍だろうと、家から離《はな》れて長く何年も戦ってたら、娯《ご》楽《らく》部分をいろいろつくらないと、もたないからさ。それは世界中でやってることだ。

日本が、突出《とっしゅつ》して、「鬼《おに》が京都のお姫《ひめ》さんをさらうようなことを、いっぱいしてた」ということはありえないね。

「李氏朝鮮《りしちょうせん》時代の韓国《かんこく》」を、どう見ているか

及川　歴史の問題について言うと、李氏朝鮮《りしちょうせん》は、女性を清国《しんこく》に貢《みつ》ぐような〝人身

売買〟をしていましたよね。「性の奴隷《どれい》」の問題は、まさに李氏朝鮮の歴史そのものだと思うのです。

朴正煕　「貢ぎ物」というかたちで贈《おく》るのは、金銀財宝か女性だよね。それは、昔からあることで、中国であろうと東南アジアであろうと、みな一緒《いっしょ》だと思うよ。貢ぎ物は、だいたい、そうなってたから。

及川　しかし、今の韓国《かんこく》は、その歴史を、あたかも日本のことのように入れ替《か》えて、「李氏朝鮮の時代は、素晴《すば》らしい時代だった。しかし、日韓併合のあと、この世の地獄《じごく》になった」というような歴史観を教えています。

朴正煕　それには、かなり無理があるね。

清国が、ヨーロッパにいっぱい植民地をつくられ、さらに、日本に負けるような、だらしない国だった段階で、その清国の属国だった韓国が立派なはずはありませんよ。それは、情けない国ですよ。やっぱり、ナマコみたいな国だったと思いますよ。清国以上に立派だったはずがありません。

酒井　分かりました。

8 「韓国《かんこく》はいまだ日本領なのか」

「戦略」より「戦術」を優先している韓国

酒井　この問題に関係して、あと二つ、お訊《き》きしたいと思います。日韓《にっかん》基本条約を結んだとき、同時に、「日韓請求権《せいきゅうけん》協定」も結びましたよね？

朴正熙　うーん。

酒井　これで、結局、「両国およびその国民の間の請求権に関する問題は、完全かつ最終的に解決されて、今後、すべての請求権に関していかなる主張もできない」ということを確約していますよね？

朴正煕　うん。

酒井　今、慰安婦《いあんふ》の問題を持ち出すことは、朴元大統領の立場から見ると、明らかに協定違反《いはん》ですよね？

朴正煕　まあ、それは大小の問題だよね。「戦略と戦術」の大小を間違《まちが》えたら終わりだよ。

軍人みたいで、すまんけども、「戦略に間違いがあった場合には、戦術でカバーすることはできない」。これは軍事の常識だよな。「戦略」を間違った場合には、「戦術」ではカバーし切れない。

しかし、今、韓国は「戦術」のほうを「戦略」より優先している。それは娘《むすめ》の問題になると思う。

酒井　条約的には慰安婦の問題も解決済みですよね？

朴正煕　それについてはね、どこの国だって言うことはできますよ。ヨーロッパに植民地にされてた国は、いっぱいあるでしょう？　その賠償《ばいしょう》問題を言えるんなら、今だって、どの国も、いくらでも言えますよ。

「個人への補償《ほしょう》」を日本に要求するなら、韓国《かんこく》は独立国ではない

酒井　日本は、当初、「お金を個人に供与《きょうよ》してもいいですよ」と申し出ましたが、朴元大統領は、「それは韓国《かんこく》でやりますよ」と言って、断られましたよね？

朴正熙　うん。だって、当たり前のことですよ。「国家として独立する」というのは、そういうことでしょう?
「日本が、韓国人の個人に、被害《ひがい》に応じた補償金《ほしょうきん》を支給する」ということは、「いまだに韓国は日本国だ」ということですよ。それだったら、オッケーだよ。

酒井　それをあなたは断られましたよね?　「韓国でやる」と。

朴正熙　韓国は独立国家だから、それを断るべきなんだ。負けた責任や占領《せんりょう》された責任は国家が持つべきであるので、それで被害を受けた者がいるなら、国家が補償を請《う》け負うべきだね。
日本に、「直接、個人に払《はら》え」と言ったり、「日本の裁判所に訴《うった》えることができる」と言ったりするんだったら、韓国人は、日本の領土のなかにいて、日本に支配されてるのと一緒《いっしょ》だよ。

酒井　そうですね。朝鮮《ちょうせん》半島のインフラ整備は、ほとんど日本が行った

酒井　「この条約を廃棄《はいき》した場合、損をするのは韓国だ」というのは……。

朴正熙　韓国ですよ。

酒井　そうですよねえ。

朴正熙　韓国の生き筋は、ほかには、もう、どこにもない。

酒井　朝鮮《ちょうせん》半島でのインフラ整備等の投資や資産を、日本が請求した場合、私が試算すると、今の金額に換算《かんさん》して少なくとも六十兆円ぐらいを支払わなくてはならないと思います。

朴正熙　六十兆円にもなりますか。

酒井　ええ。

朴正熙　インフラ整備は、ほとんど日本がやりましたからね。

酒井　ええ。最低で見積もっても、日本は、朝鮮半島のインフラ等に、約六十兆円を投入しています。

朴正煕　道路、ダム、空港、学校……、全部、日本がつくったものです。

酒井　それを返していただかなくてはいけません。

朴正煕　韓国も北朝鮮も、日本がつくったものを、全部、窃取《せっしゅ》してることになってるからねえ、結局。

酒井　そうなんです。

朴正熙　「それを、全部返せ」って言われたら、たまったもんじゃないでしょうなあ。

酒井　韓国は、これにまだ気がついていないのです。

朴正熙　うーん。

韓国《かんこく》による竹島占領《たけしませんりょう》を「間違《まちが》っている」と断言

酒井　もう一つお訊きしたいのは、最初のほうでも出ました「竹島《たけしま》の問題」です。

朴正熙　ああ、竹島ねえ。

酒井　「李承晩《りしょうばん》ライン」（注。一九五二年に韓国《かんこく》が一方的に定めた境界線）については、どうお考えですか。

朴正煕　まあ、「バカなことをしたなあ！」と。

酒井　これは、正しいですか。正しくないですか。

朴正煕　間違《まちが》ってますよ。だって、日本が、まだ〝独立〟したばかりで、後手後《ごてご》手《て》になって、けじめがついておらず、自衛隊もまだできてない時期に、線を引いて（竹島を）韓国領にしたんでしょう？　だから、韓国が間違ってるに決まってるじゃないですか。これは卑怯《ひきょう》ですよ。こんなことは、やってはいけないことだと思いますね。

酒井　地図を偽造《ぎぞう》したり……。

朴正熙　もう駄目《だめ》です。

酒井　あれは偽造ですよね?

朴正熙　これは駄目ですよ。日本が戦えないのを知ってて、やったことですから。普通《ふつう》の国同士だったら、すぐ戦争になるようなことだけども、(日本が)できないのを知ってて、やってますので。

だから、今の中国によく似てるね。欲《ほ》しいものがあったら、すぐに、「中国の核心的利益《かくしんてきりえき》」と言って、まず唾《つば》をペッと付けるんでしょう? 「自分のものだ」

「琉球《りゅうきゅう》も核心的利益」「どこそこも、そうだ」と言ってね。もう、どこであろうと取られてしまうから、気をつけないといけない。「新潟《にいがた》も中国の核心的利益」と言われたら、そうなるかもしれないし、「九州には、昔、中国がいろんなものを伝えた」とか言われたら、これも取られてしまうかもしれない。

戦後のどさくさに紛《まぎ》れて、やったことに対してはねえ……。いやあ、韓国が盗《ぬす》んだんです。間違いない。

今の韓国《かんこく》はどこに「国の本体」が取られるか分からない状態

及川　竹島の問題は、朴元大統領の時代にも存在していた問題です。

朴正熙　うん。うーん。

及川　朴元大統領は、一九六五年の日韓《にっかん》国交正常化のときに、竹島の問題を、ある意味で、見事にクリアされたと思うのですが、当時、この問題をどのように扱《あつか》おうとされたのでしょうか。

朴正熙　先ほど、「戦略と戦術」と言ったけど、どうでもいいことなんですよ。小さな問題なんです。

それを象徴《しょうちょう》的に大きくしすぎて、「竹島を取れるかどうか」が韓国独立の象徴であるかのように持ち上げてきたのは韓国のほうであり、まあ、自分らがつくった幻想《げんそう》の問題だと思いますけどね。

ここで、一生懸命《いっしょうけんめい》、意地を張ってみせてるんだろうと思うけど、これが、うまく……。うーん。

昔、「こぶとりじいさん」っていうのを勉強したことがあるような気がする。「隣《となり》のじいさんが鬼《おに》にこぶを取ってもらったから、『自分も取ってもらおう』と思ったら、もう一つこぶを付けられた」という話があったけど、私には、竹島を取ろうとして、韓国本体が、どこに取られるか分からない状態になってるような気がして、しかたがないんですけどね。

まあ、バカなことで長く戦ってるように見えるね。

竹島《たけしま》を「日韓《にっかん》を反目《はんもく》させる材料」にしてはならない

及川　一九六五年に日韓《にっかん》基本条約が結ばれたとき、「竹島《たけしま》に関しては、お互《たが》いに領有権を主張し合うけれども、双方《そうほう》とも、それ以上は突《つ》っ込《こ》まない」というような、ある種の密約が結ばれたと言われています。

朴正熙　うんうん。

及川　これの真意は何だったのでしょうか。

朴正熙　うーん。国民感情があるから、あまり刺激《しげき》してはいけないところがあるんだけども、私は、「話としては小さい」っていうことを分かっていた。「これが将来的に紛争《ふんそう》の大きな種となり、これを火種にして日韓で戦争や対立が起きるんだったら、これは、利益がない問題だ」という考えは持っていたね。

だから、基本的には、「日韓を反目《はんもく》させ、戦いを大きくするような材料にはしたくない」と思っていた。

ただ、「反日か、親日か」という踏《ふ》み絵を迫《せま》られたら、今の日本のマスコミもそうだろうけど、国民に対しては、いちおう、「日本に併合《へいごう》されていた四十年近い歴史のなかでの屈辱《くつじょく》を、忘れているわけではない」と言わざるをえないので、政治家としては、そういうポーズも取ったことはあるけどね。

でも、「結局は、自国民のだらしなさが問題だ」とは思っていたよ。

9 朴元大統領の「意外な過去世《かこぜ》」

過去世《かこぜ》について語りたがらない朴元大統領

小林　現代における論点は、ほぼ出たと思います。

朴正熙　ああ、そうかい。

小林　そこで、恒例《こうれい》の質問をさせていただきたいと思います。朴元大統領の今世《こんぜ》以外でのご活躍《かつやく》について、コメントを頂けると、たいへん参考になるのですが、いかがでしょうか。

朴正熙　韓国《かんこく》には、ろくな人材がいなくてねえ。君たちも、ほんとに苦労してるんだろう？　韓国へ行くたびに、「韓国人の光の天使はいませんか」と訊《き》かれて、「いやあ、何《なん》も出てこんのですわ」と言って、困ってるんじゃないのかい？　そんな感じだなあ。きっとそうだろうなあ。

いやあ、ろくな人材がいないんだよ。ほんと、申し訳ないね。ほんとに申し訳ない。二流、三流の人材ばっかりだ。一流の人材なんか、いやしないんだよ。ほんと、「情けない」と思ってるよ。

国連事務総長（潘基文《バンキムン》氏）でさえ一流じゃないのが、もう暴《あば》かれてしまってるような状況《じょうきょう》だからさあ（前掲《ぜんけい》『潘基文国連事務総長の守護霊《しゅごれい》インタビュー』参照）、私の過去世《かこぜ》が、そんなに偉《えら》い人であろうはずはないけどね。

偉い人であろうはずはないけれども、まあ、あえて言えば……。うーん。何を言えばいいかねえ。これは難しいところだねえ。あえて言えば……。（舌打ち）言いにくいなあ。言いにくい。あえて言えば、言いにくいわ。

小林　「言いにくい」というのは、もしかして、比較《ひかく》的最近の過去世のことですか。

朴正煕　いや、「比較的最近」っていうことはありません。そうではないけど。

及川　日本に関係しているのでしょうか。

朴正煕　うーん、うーん。いやあ、言うと、「色」が付くからさあ。ちょっと言いにくいんだけどね。

小林　今、朴元大統領の念頭にあるのは、朝鮮《ちょうせん》半島における過去世……。

朴正熙　「朝鮮半島に生まれて、日本人の攻撃《こうげき》を撃退した人」であれば、韓国では尊敬される。結論は、はっきりしている。

これ以外の所だった場合には逆になるわねえ。

（小林に）そういう場合、あんただったら、どう答える？

小林　（苦笑）今日は、そういう設定ではございませんので……。

酒井　では、韓国の方《かた》ではないんですね？　「朝鮮半島の人間ではなかった」と？

朴正熙　まあな。ハッハハハハハハハ。だから、非常に言いにくいなあ。
紀元四〇〇年ごろ、朝鮮《ちょうせん》半島の日本領で統治者をしていた

酒井　言いにくいとしても、時間もなくなってきたので、ヒントをお与《あた》えください。

小林　朝鮮《ちょうせん》の歴史のなかでは……。

朴正熙　関係は……。かかわってはいる。

小林　過去の二千年間で、朝鮮あるいは韓国の方として生まれたことはあります

か。

朴正煕　もちろん。それは、もちろんある。

酒井　「朝鮮を攻《せ》めたほうである」ということもあるのですか。

朴正煕　うーん。攻めたことが一回と、あと……。

紀元四〇〇年ごろには、今の韓国に当たる南朝鮮には、「百済《くだら》」や「任那《みまな》日本府」っていうのがあって、韓国は「日本の領土」だったんだよ。日本に支配されてて、日本だったんですよ。

それで、「高句麗《こうくり》」が攻めてくるので、日本に援助《えんじょ》を求めた。日韓安保《あんぽ》条約みたいなものがあって、神功《じんぐう》皇后とかが応援に駆《か》けつけてきて、このときには、

「高句麗」を撃退しています。

そのとき、任那のほうの朝鮮人、韓国人として生まれたことはある。統治を任されていた人間だったが、そこで、一回、生まれている。

日本の武将として、秀吉《ひでよし》の「朝鮮出兵《ちょうせんしゅっぺい》」に参加した

朴正煕　それからあとは……。これは、いちばん言いにくい部分ではあるけれども、豊臣秀吉《とよとみひでよし》の朝鮮《ちょうせん》……。まあ、われらから言えば、朝鮮侵略《しんりゃく》か。韓国から言えば、秀吉の朝鮮侵略、日本から言えば、朝鮮出兵のときに、日本の武将が韓国に何人か上《のぼ》ってるわねえ。

酒井　武将ですね？

朴正熙　まあ、「そのなかの一人」ということだ。ハッハ。

酒井　小西行長《こにしゆきなが》とか。

朴正熙　うーん。ではないかもしれない。

酒井　ではない？

小林　宇喜多《うきた》？

朴正熙　ではない。

小林　島津《しまづ》ではないですよね？

朴正熙　違《ちが》う。

小林　大友《おおとも》？　毛利《もうり》？

朴正熙　まあ、私にとっても、そんなに〝ウェルカム〟ではないので、あなたが分からなくても、別に構わないけど、武将の一人として、実は（朝鮮出兵に）参加したことがある。これは、日本の士官学校に行って、また戻《もど》った、今回の経歴と、ちょっと重なる部分はあるかもしれない。日本流の軍略が、そのときから身に付いていたところはあるね。

まあ、いいよ。そのへんの武将ですよ。

あの世で金日成《キムイルソン》と「トップ会談」をしている

酒井　最後に、一つ、お訊きしたいことがあります。今日、大川総裁が、この収録の前に朴元大統領を霊査《れいさ》されたところ、「長い地下坑道《こうどう》のなかにいらっしゃった」とのことですが。

朴正熙　今、北朝鮮と交渉《こうしょう》してるからねえ。

酒井　交渉している？

朴正熙　地下でね。

酒井　地下で？

朴正熙　うん。北朝鮮と、今、交渉中なので。

小林　ああ、なるほど。

朴正熙　地下坑道を通らないと、北朝鮮に行けないものでね。

小林　それは、「向こう側にクーデターを起こす」とか、そういう目的で、なさっているのでしょうか。

朴正熙　向こうの親玉を何とかしなくてはいけないのでね。あちらも、初代（金《キム》日成《イルソン》）、二代（金正日《キムジョンイル》）と亡《な》くなっておるからな。彼らを説得しに行ったりしている。

酒井　では、たまたま地下坑道にいただけで、通常、地下坑道にいらっしゃるわけではないのですね？

朴正煕　まあ、それはねえ。だから、「北朝鮮と韓国の関係をどうするか」っていうのは〝あれ〟だけど、とにかく「トップ会談」をやらなくてはいけないので、いまだに、やってるんですよ。

酒井　そうなんですか。

朴正煕　うん。地上での〝あれ〟はありますけど。

酒井　金日成などと話をしているのですか。

朴正煕　そうです。

酒井　金日成は地獄《じごく》に堕《お》ちていますが（前掲『北朝鮮の未来透視《とうし》に挑戦《ちょうせん》する』参照）。

朴正煕　金日成は地獄に堕ちてますよ。そのとおりです。

酒井　金日成を説得に行っている感じですか。

朴正熙　まあ、話し合いには行ってます。だって、まだ、いちおう指導してるから。

酒井　「彼が」ですね？

朴正熙　彼が北朝鮮を指導してるから。

酒井　はい。

北朝鮮《きたちょうせん》の暴走を抑《おさ》えるべく「霊界《れいかい》で画策中」

酒井　朴元大統領は、今、地上のどなたをご指導されているのですか。

朴正煕　うーん……。厳しいねえ。それは、娘《むすめ》が「言うことをきかない」と、自分で言っているんだから、そうなんだろうけどもさ。

まあ、十分に教育していないからねえ。だから、しょうがないのよね。親の非《ひ》業《ごう》の最期《さいご》しか見てないから、「親と反対のことをしよう」と思う気持ちがあるんだろうとは……。

酒井　では、「今の韓国には、朴元大統領のインスピレーションを受けられる人はいない」ということになりますか。

朴正煕　まあ、いないわけではないんだけども、何とか、親日家のほうの力をもうちょっと増やそうと、努力はしてはいるんだけどね。うーん……。

だけど、今のところ、迷走中《めいそう》だね。

酒井　そうですね。

朴正煕　今、北朝鮮《きたちょうせん》のほうは、何とか抑《おさ》えようとしているんですけどね。

酒井　今、そういう霊的《れいてき》な画策をされているということですね？

朴正煕　うーん。何とか抑えないと……。

酒井　はい。

朴正熙　（金日成の霊に）「やっぱり、同胞《どうほう》なんだから、いきなり戦争を仕掛《しか》けてきたり、核《かく》兵器を使ったりというようなことをするのは、それは、いくら何でも誤りだよ。そういうことを（金正恩《キムジョンウン》に）取り憑《つ》いて言うなよ」ということは話してるんですけど。

まあ、「若い人（金正恩）がやっているので、あちらも短い」と、私は思っているんですけどね。「いずれ、〝親ダヌキ〟のところが倒《たお》れたら、あっちも倒れる」とは思っていますが……。

だから、「中国の今のリーダーシップが壊《こわ》れたら、あちらのほうにも続いて、（崩壊《ほうかい》が）来る」と見てはいます。

何だかんだ言いながら、いちおう、あっち（中国）も、「交渉しつつ、庇護《ひご》している」という妙《みょう》な関係であるのでね。

酒井　分かりました。

10　娘《むすめ》の朴槿恵《パククネ》大統領へのメッセージ

「未来志向型」の日韓《にっかん》関係を開く努力を

酒井　それでは、幸福実現党へのアドバイスを頂ければと思います。

朴正熙　うーん……。まあ、あなたがたがストレートに言うことで、日韓《にっかん》関係を悪くしているように見る人もいるとは思うんですよ。

政治家のほうは、どちらかといえば、できるだけ、本音を言うことを避《さ》けて、曖昧《あいまい》な態度を取りながら勝機を窺《うかが》ってるような感じかねえ。

マスコミには、韓国寄りのマスコミもいっぱいいるけど、それは罪悪感から来てるんでしょう。

だけど、難しい関係ではあるので、そうだねえ、あなたがたが悪者になりすぎてもいけないから、気をつけないといけないね。まあ、安倍《あべ》総理に、いいように〝タヌキ汁《じる》〟にされないようにしないといけないと思いますね。

だから、あなたがたが〝突撃隊《とつげきたい》〟になって、「バンザイ突撃」をしては玉砕《ぎょくさい》するのを繰《く》り返しやらされるのに対しては、少し考え直したほうがいいかもしれない。

要は、言葉の使い方だと思うんです。「韓国が悪い」と糾弾《きゅうだん》するやり方もあるとは思うんですが、「新しい日韓関係を開こうではありませんか」というかたちの、もう少し「未来志向型」の持っていき方をしたほうがいいような気がするね。

竹島《たけしま》も、日本にとっては、漁業権のほんの一部にすぎないわけでしょう？

「地下資源があるかもしれない」っていう話もありますけども、まあ、愚《おろ》かなことだと思いますよ。これはもう、飢《う》えたライオンと飢えた虎《とら》の二頭の間に、肉を投げ込《こ》むような行為《こうい》に近いので、やっぱり、争いの種にしないほうがいいでしょう。

もし、私だったらどうするかと言えば、まあ、今は韓国人が事務総長をしているから、「国連に」っていうわけにいかないけども、そうじゃない人が事務総長をしているような時代であれば、もう、国連にでも統治してもらって構わないぐらいだと思います。これをどこかに預けたほうが、日韓は平和な感じがしますがねえ。ああいう小さな問題を国同士の大きな問題にはしないほうがいい。

日本文化による〝占領《せんりょう》〟を恐《おそ》れている韓国《かんこく》・中国

朴正熙　やっぱり、未来については、もうちょっと展望が開けるといいね。

一時期、韓流《ハンリュウ》映画とかが日本で流行《はや》って、日本人がいっぱい（韓国《かんこく》に）来てくれたときもあって、それはいいんだけども、まあ、基本的には、韓国のほうが日本文化を入れないようにしてきたのは事実なのでね。入れないようにしてきたのはなぜかというと、やっぱり、「洗脳されると思った」ということだろうし、要するに、「日本文化のほうが優位なので、自由にすると、結局、韓国が日本文化に〝占領《せんりょう》〟される」と見ていたわけだ。

中国も基本的には一緒《いっしょ》だよ。「文化的な交流を完全に自由にして、日本文化が入り放題になったらどうなるか」って考えると、中国も危ないと思うよ。

そういうふうに、「国でブロックをかけているところは、実は、文化的には劣《れっ》位《い》にあるんだ」ということが事実です。

だから、何て言うのかなあ。今はもう、侍《さむらい》はいないけれども、「日本人には、武士道精神のような、不撓不屈《ふとうふくつ》のすごい部分が、その裏に眠《ねむ》っているのではないか」という恐《おそ》れは、中国も韓国も、両方とも持ってるんだろうと思うんだよね。

今、「中国が空母をつくっている」といっても、日米間では、七十年も前に空母決戦をやってるんですから、今から空母をつくるというのは、まあ、だいぶ後《おく》れた話ですからね。だから、あれは脅《おど》しです。ただの脅しにしかすぎないことですよ。

今、安倍さんが東南アジアのほうにしっかりと投資をかけて、守りに入っているようだから、まあ、それ自体は、ちゃんと包囲網《ほういもう》をつくっているとは思います。「やはり、韓国は、親日のほうにハンドルを切ったほうがよい」というのが、私の考えです。

二〇二〇年までに中国の崩壊《ほうかい》が来るのは確実

朴正熙　中国は、今後、大きな内部問題を抱《かか》えて、〝地震《じしん》〟っていうか、〝地崩《くず》れ〟っていうか、何かを起こすでしょう。今の貧富《ひんぷ》の差は、もう、十対一以上に開《ひら》いていますけども、これは、共産主義の理想に合わないので、絶対、どちらかが崩れるんです。

だから、元の共産主義のように、農業国家として、みんな平等という、「貧しさの平等」の国に戻《もど》すか、完全に「資本主義」「自由主義」系統の国に変えてしまうか、そのどちらかへの引き合いでしょう。

この両方のいいところだけを取ってやるというのには、今はもう、限界が来ているので、どちらかになる。少なくとも二〇二〇年までに、確実に崩壊《ほうかい》は来ます。「習近平《シージンピン》が共産主義の政治的イデオロギーのほうを取った場合にはどうなるか」ということですが、富裕《ふゆう》層がすべて国から逃《に》げ出し始めるので、中国の威信《いしん》はあっという間に崩れていきます。みんな、海外拠点《きょてん》に資産も会社も移し始めますし、外国の投資も逃げていきますので、すぐに貧しい国に戻っていきます。

一方、共産主義的なほうに戻していく場合以外の、自由主義的なものに持っていった場合には、多元的な価値観を求めて、複数政党制による議論をする国家、要するに、「明治日本」のようなものをもう一回やらなきゃいけないということですね。

そうすると、自分たちが、今まで、人民を騙《だま》し、洗脳してきたことを自白しなければいけなくなるわけですが、「過去、そういうことをしてきたのは悪いことだった」ということを公開しなきゃいけないんです。

これも国家の崩壊を招くことで、かつてのソ連で起きたことだね。ゴルバチョフの時代に起きたことが、もう一回起きるかもしれない。

これを起こさないようにするために、経済のほうだけ、すごく繁栄《はんえい》させ、自由に金儲《かねもう》けさせてきたんだけど、すべてこちら（資本主義、自由主義）のほうの国家に変えたら、情報公開に入ることになるので、国としての反省が始まって、崩壊しますね。

韓国《かんこく》は「アジアの雄《ゆう》」である日本寄りに舵《かじ》を取れ

朴正熙　いずれにしても、「もう、中国の崩壊は近いと思うので、そのときに、韓国《かんこく》が入り込みすぎていた場合には被害《ひがい》を受けますよ」ということだね。

だから、今は、日本寄りに舵《かじ》を取っておいたほうが、日本があまり軍国主義に行かないで済むようになるし、いいんじゃないかと思う。

むしろ、竹島防衛のために韓国軍が派遣《はけん》されたりしていること自体が日本を挑《ちょう》発《はっ》しているように、私には見えますねえ。大統領がそんなバカなことをするんじゃないよ。竹島を訪問して、「守れ！」とか言ってる、こういうことが挑発に当たるのでね。

結局ねえ、国内がうまくいっていない原因を、全部、日本に持っていこうとしているだけなんですよ。

先ほどの「ナチズム」っていうのは、逆に、韓国のほうがそれに近いわけです。要するに、日本を悪者にして、〝ユダヤ人〟にしようとしているんですよ。「とにかく、ユダヤ人を追い出し、やっつけさえすれば、アーリア民族の優秀《ゆうしゅう》性《せい》が証明される」というような、ヒトラーがやっていたことと同じことをしているのは、韓国のほうなんですよ。「日本人は〝ユダヤ人〟だ。これさえやっつければ、よくなる」と言っているわけだ。

まあ、これは、韓国のほうだけではなく、中国も同じような言い方をしているのですけれども、そろそろ、「自己責任」について考えるべきときが来たんじゃないかね。

日本人は、客観的に歴史を見る限りは、優秀な国民だと思うよ。だから、「アジアの雄《ゆう》」であることは間違《まちが》いないと思いますね。アメリカを超《こ》えるところまで行くかどうかについては、まあ、私も知りませんけれども、少なくとも、アジア・アフリカ諸国のなかでいちばん優秀な民族であることは間違いないでしょう。
だから、韓国は、舵取りを間違ってはいけません。

酒井　はい。ありがとうございました。

父から娘《むすめ》・朴槿恵《パククネ》氏への忠告

朴正煕　まあ、期待に沿えたかどうかは分からないけども、(娘に)一言言うとすれば、「中国寄りの姿勢はやめなさい!」ということです。

酒井　はい。

朴正煕　やっぱりやめるべきです。

今、米国がちょっと弱ってはいるけども、「日・米・韓の三角形、デルタをキチッと守らなければ、未来が危ない」というのが、私の結論です。娘に言っておきたいことは、そういうことです。

まあ、私の言うことをきいたら、親と同じように暗殺されるかどうかは知りません。そうかもしれないし、そうでないかもしれませんが……。

霊界《れいかい》では岸信介《きしのぶすけ》・佐藤栄作《さとうえいさく》・竹下登《たけしたのぼる》と交流がある

朴正熙　先ほど、「地獄《じごく》へ行っているのではないか」と言われたけれども、〝残念〟ながら、地獄ではないように思われます。いるところは違うようですのでね。

こちらの世界で、私が話をしてるのは、日本で言えば、岸《きし》（信介《のぶすけ》）さんや佐藤《さとう》（栄作《えいさく》）さん、竹下《たけした》（登《のぼる》）さんたちです（『日米安保《あんぽ》クライシス』『新・高度成長戦略』〔共に幸福の科学出版刊〕参照）。そういう方と話をしておりますのでね。

酒井　はい。本日は、本当にありがとうございました。

朴正熙　これでいいですか。はい。じゃあ、帰ります。

11 朴正熙《パクチョンヒ》元大統領の霊言《れいげん》を終えて

千六百年前、朝鮮《ちょうせん》半島の三分の一は日本の領土だった

大川隆法 （手を二回打つ）はい。

もう少しドロドロッと来るかと思っていたのですが、思ったほど、ぼけているわけではなかったですね。

とは言え、日本で教育は受けた経験があるものですから、やはり、その影響《えいきょう》もあるでしょうし、「過去世《かこぜ》で日本人としての転生《てんしょう》があるらしい」ということも関係があるのでしょう。

それから、やはり、「韓国《かんこく》が日本領だった時代もあった」ということを明言し

ていましたが、もともと、昔から、そういうややこしい所ではあるのです。例えば、百済《くだら》が日本領だったり、任那《みまな》に日本府を置いたりしていた時代があるわけです。

また、稲作《いなさく》は日本から韓国へ行ったものであるということが、かなりはっきりと分かってきています。これは、二千年前に日本が韓国に伝えたものらしいのです。

今は、「日本にあるよいものは、すべて韓国から入ったのだ」と、韓国は言っていますが、これは嘘《うそ》だということが分かってきているわけです。

このように、歴史認識の問題は、実は、お互《たが》いに違《ちが》っている部分があるのかもしれません。

ですから、日本は、竹島《たけしま》や日韓併合《へいごう》の問題ではなく、「千六百年前には日本領土だった。返せ！」というようなことも言えなくはないでしょう。

千六百年前に、朝鮮半島《ちょうせんはんとう》の少なくとも三分の一が日本領土だったことは間違いありません。そうであれば、その途中《とちゅう》にある島だの何だのといった問題は、まあ、バカバカしい話ではあります。

世界の「植民地競争」にピリオドを打った日本の戦い

大川隆法　それから、考え方は少し違いますが、中国問題のほうにも話を移しますと、尖閣《せんかく》や琉球《りゅうきゅう》（沖縄《おきなわ》）の問題などにも、そのようなところはあります。

例えば、「一六〇〇年代に、島津藩《しまづはん》（鹿児島藩《かごしまはん》）によって、琉球が占領《せんりょう》され、一八〇〇年代に、合法的に日本に編入された。これさえなければ、アメリカ軍によって、沖縄が戦場になって、二十万人もの人が死ぬことはなかった。つまり、鹿児島による琉球侵略《しんりゃく》がなければ、先の戦争で戦場になって、人が死ぬこともなかった。中国領だったら、そういうことはなかったんだ」というようなことを、左翼《さよく》の歴史家のような人が言うのですが、そんなことはありません。

先の大戦では、アメリカがフィリピンを占領しましたけれども、アメリカは、台湾《たいわん》だって、中国本土だって、韓国だって、すべて欲《ほ》しかったわけですから、日本が何もせずに放っておけば、すべて取られていたのは間違いありません。したがって、そういう史観は甘《あま》いと、私は思っています。強くなった国が次々と植民地をつくった時代だったのです。

しかし、その流れは、要するに、日本の戦いでもって終わり、その後、七十年間、世界のなかで、新しい植民地なるものはできていないわけです。独立はあっても、新しい植民地はできていない状態なのですから、その意味で、世界の「植民地競争」にピリオドを打った面があるでしょう。

これについては、完全な善とばかりは言えない面もあるかとは思いますが、世界史的には、やはり、一定の評価をするのが正しい判断であるはずです。歴史認識とは、そういうことを言うのではないでしょうか。

酒井　はい。ありがとうございました。

大川隆法　はい（会場拍手《はくしゅ》）。

あとがき

われわれ日本人は、韓国の子供じみた行為の数々に、もううんざりしているのだ。韓国に対して心を開こうとしていた多くの日本の友人たちを、これ以上失わないほうがよい。

東南アジアへの海外巡錫《じゅんしゃく》の折、あるホテルの一室で、私が韓国の歌をかけていたら、ルームサービスのボーイが「『少女時代』ですね」と声をかけてきたのは、ほんの数年前である。

国は一人で興《お》き、一人で滅びる。七十年以上前の憎しみを増幅させて、孤独地獄に堕ちているのは誰のせいなのか。「娘よ、おまえの歴史認識をこそ改めよ。」と父大統領は言っている。両親を殺害したのは韓国人であって日本人ではない。現大統領の持つ悲劇性は、韓国人の無明《むみょう》と国際的歴史音痴にこそ向けられるべきである。

二〇一三年　十一月五日

幸福《こうふく》の科学《かがく》グループ創始者兼総裁《そうししゃけんそうさい》　大川隆法《おおかわりゅうほう》

『韓国　朴正熙元大統領の霊言』大川隆法著作関連書籍

『北朝鮮の未来透視に挑戦する』（幸福の科学出版刊）
『潘基文国連事務総長の守護霊インタビュー』（同右）
『安重根は韓国の英雄か、それとも悪魔か』（同右）
『日米安保クライシス』（同右）
『新・高度成長戦略』（同右）

韓国《かんこく》 朴正熙《パクチョンヒ》元大統領《もとだいとうりょう》の霊言《れいげん》

―父から娘へ、真実のメッセージ―

2013年11月15日　初版第1刷

著　者　　大《おお》　川《かわ》　隆《りゅう》　法《ほう》

発　行　　幸福実現党

〒107-0052 東京都港区赤坂2丁目10番8号
TEL(03)6441-0754

発　売　　幸福の科学出版株式会社

〒107-0052 東京都港区赤坂2丁目10番14号
TEL(03)5573-7700
http://www.irhpress.co.jp/

印刷・製本　株式会社 東京研文社

落丁・乱丁本はおとりかえいたします

ISBN978-4-86395-410-6 C0030

写真：代表撮影/AP/アフロ　The Saenuri Party/ロイター/アフロ　時事通信フォト

大川隆法霊言シリーズ・韓国の思惑を探る

潘《パン》基《キ》文《ムン》国連事務総長の守護霊インタビュー

英語霊言
日本語訳付き

「私が考えているのは、韓国の利益だけだ。次は、韓国の大統領になる」――。国連トップ・潘氏守護霊が明かす、その驚くべき本心とは。

1,400円

安重根は韓国の英雄か、それとも悪魔か

安重根 & 朴《パ》槿《ク》惠《ク》大統領守護霊の霊言

なぜ韓国は、中国にすり寄るのか? 従軍慰安婦の次は、安重根像の設置を打ち出す朴槿惠・韓国大統領の恐るべき真意が明らかに。

1,400円

神に誓って「従軍慰安婦」は実在したか

いまこそ、「歴史認識」というウソの連鎖を断つ! 元従軍慰安婦を名乗る2人の守護霊インタビューを敢行! 慰安婦問題に隠された驚くべき陰謀とは⁉

【幸福実現党刊】

1,400円

※表示価格は本体価格(税別)です。

大川隆法 霊言シリーズ・日本復活への提言

吉田松陰は安倍政権をどう見ているか

靖国参拝の見送り、消費税の増税決定――めざすはポピュリズムによる長期政権? 安倍総理よ、志や信念がなければ、国難は乗り越えられない!
【幸福実現党刊】

1,400円

「首相公邸の幽霊」の正体

東條英機・近衛文麿・廣田弘毅、日本を叱る!

その正体は、日本を憂う先の大戦時の歴代総理だった! 日本の行く末を案じる彼らの強い信念が語られる。安倍首相守護霊インタビューも収録。

1,400円

「河野談話」「村山談話」を斬る!

日本を転落させた歴史認識

根拠なき歴史認識で、これ以上日本が謝る必要などない!! 守護霊インタビューで明らかになった、驚愕の新証言。「大川談話(私案)」も収録。

1,400円

大川隆法ベストセラーズ・「幸福の科学大学」が目指すもの

新しき大学の理念

「幸福の科学大学」がめざす
ニュー・フロンティア

二〇一五年、開学予定の「幸福の科学大学」。日本の大学教育に新風を吹き込む「新時代の教育理念」とは? 創立者・大川隆法が、そのビジョンを語る。

1,400円

「経営成功学」とは何か

百戦百勝の新しい経営学

経営者を育てない日本の経営学!? アメリカをダメにしたMBA——!? 幸福の科学大学の「経営成功学」に託された経営哲学のニュー・フロンティアとは。

1,500円

「人間幸福学」とは何か

人類の幸福を探究する新学問

「人間の幸福」という観点から、あらゆる学問を再検証し、再構築する——。数千年の未来に向けて開かれていく学問の源流がここにある。

1,500円

宗教学から観た「幸福の科学」学・入門

立宗27年目の未来型宗教を分析する

幸福の科学とは、どんな宗教なのか。教義や活動の特徴とは? 他の宗教との違いとは? 総裁自らが、宗教学の見地から「幸福の科学」を分析する。

1,500円

幸福の科学出版

大川隆法ベストセラーズ・「大川隆法」の魅力を探る

大川隆法の守護霊霊言

ユートピア実現への挑戦

あの世の存在証明による霊性革命、正論と神仏の正義による政治革命。幸福の科学グループ創始者兼総裁の本心が、ついに明かされる。

- 「日本国憲法」の問題点
- 「幸福実現党」の立党趣旨
- 「宗教革命」と「政治革命」
- 大川隆法の「人生計画」の真相 ほか

1,400円

政治革命家・大川隆法

幸福実現党の父

未来が見える。嘘をつかない。タブーに挑戦する──。政治の問題を鋭く指摘し、具体的な打開策を唱える幸福実現党の魅力が分かる万人必読の書。

- 「リーダーシップを取れる国」日本へ
- 国力を倍増させる「国家経営」の考え方
- 「時代のデザイナー」としての使命
- 「自由」こそが「幸福な社会」を実現する ほか

1,400円

大川隆法 ベストセラーズ・希望の未来を切り拓く

未来の法

新たなる地球世紀へ

暗い世相に負けるな！ 悲観的な自己像に縛られるな！ 心に眠る無限のパワーに目覚めよ！ 人類の未来を拓く鍵は、一人ひとりの心のなかにある。

2,000円

Power to the Future

未来に力を

英語説法集
日本語訳付き

予断を許さない日本の国防危機。混迷を極める世界情勢の行方——。ワールド・ティーチャーが英語で語った、この国と世界の進むべき道とは。

1,400円

されど光はここにある

天災と人災を超えて

被災地・東北で説かれた説法を収録。東日本大震災が日本に遺した教訓とは。悲劇を乗り越え、希望の未来を創りだす方法が綴られる。

1,600円

※表示価格は本体価格（税別）です。